KB111106

_____ 님께

드립니다

상처받은 마음을 풀어주는

감성치유

상처 받은 마음을 풀어 주는

감성치유

강윤희 지음

전나무숲

치유된 상처는 삶을 깊이 있게 만드는 아름다운 흉터입니다!

상처와 아픔 없이 사는 사람이 있을까요?
겉으로 멀쩡해 보이는 사람도 속내를 들여다보면 과거에 받은 마음의 상처,
생존에 대한 걱정과 불안, 불확실한 미래에서 오는 우울과
인간관계로 인한 고통 등으로 힘들어하고 있는 경우가 대부분입니다.
하루하루 살아남기 위한 경쟁 속에서 스트레스와 압박감은 날로 커가기만 하는데
가족 간의 대화는 끊기고 사람과 사람 사이의 유대감은 사라져버려
외로움은 커지고 마음의 병은 깊어만 갑니다. 결국 살아간다는 것은
상처를 받는 것이고 아픔을 겪는 것입니다. 그 상처를 어떻게 치유하고
그 아픔을 어떻게 견뎌내야 할 것인지가 화두가 되었습니다.
행복이란 고통 없는 세상을 사는 낭만적인 개념이 아니라 스스로 상처를
돌보고 극복해가는 과정에서 주어지는 만족의 상태일지도 모릅니다.
자기와의 끊임없는 싸움과 화해 속에서 얻어지는 혹독한 시련의 결과물인 것입니다.
매서운 겨울을 견뎌내고 어김없이 피어나는 봄꽃처럼요.

감성, 마음의 상처를 치유하고 행복한 삶을 만드는 힘

그렇다면 자신의 상처와 마음의 고통을 이겨내는 힘은 어디서 오는 걸까요?
저는 감성의 힘을 키우는 것에서 그 답을 찾습니다.
감성은 인간이 가지고 있는 본성 중의 하나지만 오랫동안 지성에 비해
그 힘을 간과해온 게 사실입니다. 현대인이 겪고 있는 고통의 상당 부분은

마음은 간과한 채 지식과 이성만을 추구했기에 생겨난 것들이 많습니다.
그래서 머리로는 이미 정리가 되었지만 마음으로는 과거의 상처로 인해
여전히 아파하고, 혼자 있으면 외로워서 힘들어하면서도 막상 함께 있으면
서로 부딪히고 고통스러운 관계에 빠져버리는 것은
감성의 힘을 잃어버린 채 살아가는 오늘날 우리들의 모습입니다.
흔히 감성을 감정과 혼동하기도 하는데 감성은 자신의 감정을 다스리는 힘,
다른 사람의 감정에 공감하는 힘을 말합니다. 즉 마음의 힘을 의미하는 것입니다.
따라서 분노를 다스리고 우울감에 빠져들지 않게 하며
스트레스를 조절할 수 있는 힘은 바로 감성의 힘을 키우는 것에서 옵니다.
살면서 겪게 되는 수많은 어려움을 극복하고 상처에서 벗어나 행복에 이르는 길은
잃어버린 감성의 힘을 회복하는 데 있는 것입니다.

나의 상처를 극복하기 위한 절실함에서 찾은 감성치유

사실 제가 감성에 주목하고 감성을 치유하는 프로그램을 개발하게 된 동기는
제 스스로의 상처를 치유하기 위한 절실함에서 나온 것이었습니다.
만약 감성을 통한 자기치유를 경험하지 못했다면
아마도 상처로 인한 우울과 무기력 속에서 빠져나오지 못했을 것입니다.
제 스스로가 상처에서 회복되고 건강한 삶을 살아가게 되는 과정에서
터득하게 된 방법들을 나누기 위해 감성치유연구소를 열고 사람들을 만나고

워크숍과 강연활동을 해온 것처럼 더욱더 많은 분들에게 다가가서
마음의 아픔을 함께 나누고, 그 아픔에서 벗어나 마음을 치유해갈 수 있는
방법들을 찾고 싶은 마음에 이 책을 쓰게 되었습니다.
이 책은 제가 여러분에게 들려드리는 감성치유의 길잡이기도 하지만
글을 써내려가는 과정에서 다시 한번 제 스스로의 감성의 힘을 다잡는
중요한 계기가 되기도 했습니다. 중간중간 제가 실제로 겪었던
자기 치유의 이야기들을 솔직하게 적은 것도 그러한 이유 때문입니다.

감성치유, 마음을 회복하고 삶을 회복하는 길

감성치유란 감성의 힘을 회복해 마음을 치유하고 삶을 회복하는 것을 의미합니다.
감성의 힘을 회복하기 위해서는 기본적으로 예민하게 느낄 수 있는 감수성을
되찾고, 살면서 쌓인 마음의 독성을 털어내어 마음의 안정을 회복하는 것이
중요합니다. 그렇게 마음의 안정을 회복하면서 다른 사람과의 관계에서도
여유와 편안함을 찾아가는 것이 감성치유입니다.
따라서 감성치유는 내 마음을 회복하고, 다른 사람과의 관계를 회복하며,
나아가 삶을 온전히 지켜내는 자기치유와 삶의 회복 과정인 것입니다.
이 책은 그러한 감성치유에 대해 쉽게 이해할 수 있고 바로 실생활에 적용할 수 있
는 구체적인 방법들을 제시하는 데 초점을 맞췄습니다. 그렇게 함으로써 누구나
일상에서 감성을 치유하고 습관이 몸에 밸 수 있도록 돕는 것을 목적으로 합니다.
본문 중간중간 따로 적혀 있는 단어들은 우리가 살아가면서 실제로 삶의 현장에서
툭툭 튀어나오는 감정 언어들입니다. 책을 읽어가다가 자신의 마음을 표현하는
단어들이 나올 때마다 스스로의 감정을 돌아보고 눈으로 읽고 입으로 말하며
공감하는 가운데 그 감정들을 흘려보내시길 바랍니다.

힘겹고 외로울 때 읽기를 권하는 마음 내공 키우는 법

이 책은 총 아홉 장으로 구성되어 있습니다. 처음부터 차례대로 읽어 내려갈 경우

감성치유를 체계적으로 파악할 수 있는 장점이 있지만 순서에 상관없이
마음 가는 내용부터 먼저 읽어도 전혀 무리 없게끔 각 장이 독립적으로
구성되어 있습니다. 아홉 개의 코스로 된 마음의 둘레길을 걷는다는 생각으로
먼저 걷고 싶은 코스를 선택해 여행해도 됩니다.
이 책은 한 페이지 한 페이지를 음미하며 소리 내어 읽는 것도 좋을 것 같습니다.
마치 감성치유 여행의 안내문 혹은 기도문 같은 느낌으로 소리 내어 읽으면서
자연스럽게 이해하고 체화될 수 있기를 바랍니다.
사실 한 사회에서 힐링코드가 주목받고 치유에 관심이 많다는 것은 그만큼
사회구성원들이 삶에 지쳐 있고 힘들어한다는 것을 말해줍니다.
위기의 시대, 불안한 한국 사회를 살아가는 여러분들이 마음의 상처를 치유하고
자기 자신을 지킬 수 있는 힘을 키워가는 데 조금이나마 도움이 되기를 바라는
마음입니다. 극복되지 않는 상처는 삶을 힘들게 하는 통증이지만 치유된 상처는
삶을 깊이 있게 만드는 아름다운 흉터임을 믿기 때문입니다.

이 책은 2011년에 펴낸 『나를 찾아가는 감성치유』에 저의 자기치유 경험과
제가 만났던 분들의 사례, 생생한 감정 언어를 더해 완전히 새롭게 엮은 것입니다.
책이 나오기까지 많은 분들의 도움을 받았습니다. 먼저 이 시대에
꼭 필요한 책이라고 원고를 기다려준 전나무숲출판사 강효림 대표님과
모든 직원들에게 감사합니다. 그리고 항상 곁을 지켜주고 있는 가족들과
친구들에게 감사하고, 특히 저의 감성치유 활동을 귀중하게 여기며 지원과 응원을
아끼지 않는 황보현 님, 정은희 님, 김민근 님께 진심으로 감사의 마음을 전합니다.
그리고 인생의 고비고비마다 저를 지켜주시고 인도해주신
주님께 이 모든 영광을 돌립니다.

2014년 겨울에서 봄 사이, 감성치유연구소에서

강윤희

차례

머리글   치유된 상처는 삶을 깊이 있게 만드는 아름다운 흉터입니다!   4

감성치유가 필요한 시대

위기의 시대, 사는 게 불안하다   14

한국 사회, 몸도 마음도 피로하다   18

누구에게나 마음속에 숨겨진 상처가 있다   23

나홀로 삶, 외로운 시간이 길어졌다   28

나를 강하게 지켜내는 힘이 필요해!   32

감성치유란 무엇인가?

열일곱 감수성을 회복하는 것   36

내 마음의 소리를 듣는 것   40

마음의 독소를 털어내는 것   43

삶의 의욕을 되찾는 것   46

상대방의 마음을 헤아리는 것   48

다른 사람과의 관계가 여유 있어지는 것   51

내 안의 감수성 깨우기

자연 속에서 굳은 감각 일깨우기   58

예술 활동으로 감정 정화하기   64

낯선 곳을 여행하며 삶의 활기 회복하기   70

웃음으로 긴장된 마음 풀어주기   76

마음의 독성 털어내기

내 마음 상태 알아채기   84

솔직하게 인정할 것은 인정하기   94

마음을 표현하며 고인 감정 흘려보내기   100

마음에 독성이 쌓이지 않게 하기   108

사회적 트라우마에 대한 대처법   114

내 뜻대로 마음 다스리기

분노 다스리기　121

우울의 늪에서 빠져나오기　128

스트레스로부터 나를 지키기　136

긍정의 감정을 키워 부정의 감정 몰아내기　142

스스로를 위로하기　152

삶의 의욕 회복하기

무기력증 극복하기　156

자신과 대화하며 동기 기억하기　162

나의 소명을 찾고 존재감 일깨우기　166

지금 포기하고 싶은 순간을 무조건 견뎌내기　170

인생을 조망하며 마음의 여유 찾기　174

이루고 싶은 소망 날마다 기억하기　178

진실한 관계 풀어가기

'나는 옳고 너는 틀렸다'는 생각 경계하기　182

내 안에 있는 편견 발견하고 조심하기　186

다른 사람 마음 헤아리기　192

입장 바꿔 생각해보기　198

사람에 대한 기대치 낮추기　202

상처 많은 사람 대처하는 법　206

진심으로 소통하기

긍정의 화법으로 대화하기　216

어떤 상황에서도 막말만은 하지 않기　220

'미안하다' '감사하다'는 말 아끼지 않기　222

다른 사람 얘기 진심으로 들어주기　225

일상에서의 감성치유법

수시로 산책하며 기분 전환하기　234

마음을 풀어내는 일기 쓰기　239

'마이스토리'를 정리하며 고여 있는 감정 흘려보내기　244

홀로 잠잠한 시간을 가지며 마음 가라앉히기　252

마음을 털어놓는 솔직한 대화하기　258

소소한 것에도 감사하기　264

대가를 바라지 않는 선행 실천하기　270

감성치유 1코스

만남

감성치유가 필요한 시대

이 시대를 살아가는 우리들에게
왜 감성치유가 필요한지에 대해
이야기를 나눕니다.
왜 이렇게 지치고, 피로하고, 우울에 휘둘리는지...
그런 상태로부터 벗어나는
감성치유의 필요성을 만나는 장입니다.

위기의 시대, 사는 게 불안하다

날로 악화되는 국내외적인 경제상황으로
직장이 흔들리고 생계가 흔들리고
삶의 기반이 흔들리고 있습니다.
지구온난화로 인한 환경 변화는 더욱 심각해져
극단적인 추위와 더위, 지독한 홍수와 가뭄
초강력 태풍의 형태로 나타나 우리들의 생활을 위협합니다.
변종 바이러스, 신종 바이러스의 출현은
건강과 생존에 대한 불안감을 증폭시키고
흉악 범죄, 묻지마 범죄의 증가는
일상의 안전을 위협합니다.

그래서 우리는 항상 불안합니다.
생계가 불안하고 건강이 불안하고 환경과 안전이 불안해
내게도 언제 무슨 일이 닥칠지 모른다...는
조마조마한 심정으로 하루하루 살아갑니다.

언제

어디서

무슨 일이 ...

도무지 예측할 수 없는 불확실한 미래...
어디로 튈 줄 모르는 상황...
무슨 일이 생길지도 모른다는 두려움...
지금, 우리는 위기의 시대에 살고 있습니다.

불안불안

조마조마

안절부절

물론 한치 앞을 알 수 없는 인생을 살아가면서
미래에 대한 불안감은
어느 시대, 어떤 인생을 살아가든지
인간이라면 당연히 느끼는 감정일 것입니다.

그렇지만 지금 이 시대는
앞으로의 삶에 대한 불확실성이 커져
피부로 느껴지는 위기감과 불안감이
커져버린 것 또한 사실입니다.

예측이 안돼...

인생을 살아가면서
사람에 따라 그 크기와 횟수는 각기 다르지만
누구도 피할 수 없이 반드시 겪게 되는 일들이 있다고 합니다.
예기치 못한 사고를 당하는 것, 경제적으로 손해를 보는 것,
이별하는 것, 병드는 것, 늙어가는 것,
그리고 죽음을 맞이하는 것입니다.

세상에 태어나서 생을 마칠 때까지
인생의 여정 속에서 그 누구도 결코 피할 수 없는 일이고
크든 작든 반드시 겪게 되는 일들입니다.
그러나 지금 우리가 사는 이 시대는
고통스런 상황을 겪게 될
가능성이 더욱 커져버렸습니다.

모든게
불확실하다

그래서 이 시대를 살아가는 우리는
마음속에 항상 불안이 있습니다.
막연하게 느껴지는 불안으로부터
생계에 대한 불안, 건강에 대한 불안, 안전에 대한 불안에 이르기까지
시시각각 불안감과 씨름하며
긴장하고 위축된 채 살아갑니다.

어떡하지?   잃게 되면 어쩌지 ...   혹시?...

'피할 수 없다면 즐겨라'라고 하지만
그게 말처럼만 된다면 무슨 걱정이겠습니까.
위기감과 불안감을
즐길 수는 없더라도 맞닥뜨려야겠습니다.
견뎌내고 이겨내야겠습니다.

그러기 위해서는 위기의 시대, 불안한 상황 속에서
마음의 중심을 잡고 두려움을 이겨낼 수 있는
내공이 필요합니다.
그러한 내공이 있어야
어떠한 상황이 닥쳐온다 하더라도
흔들리지 않고 견뎌낼 수 있기 때문입니다.

바로 이 점이 이 시대에 감성치유에 주목하고
모든 사람들이 감성치유를 시도해야 하는
절실한 이유이기도 합니다.

견딜 수 있는 힘

한국 사회, 몸도 마음도 피로하다

더 잘 살아야지... 보란 듯이 성공해야지...
앞만 보고 달리고 또 달렸습니다.
인정받으려면, 성공하려면 이겨야 했습니다.
눈에 보이고 손에 잡히는 결과를 보여줘야 했습니다.
과정은 그리 중요하지 않습니다.
오직 이기는 것, 성과를 보여주는 것만이
살아남는 길이었습니다.

죽기살기

치열한 경쟁 속에서 어떻게든 살아남아
가난에서도 벗어나고
그래도 살만하게 되었건만
여전히 긴장을 늦출 순 없습니다.

앞으로 더 나아가야 하고,
적어도 지금 이 자리를 지켜내야 하기 때문입니다.

그렇기에 우리는 계속해서 경쟁을 치러내야 합니다.
끊임없이 이 사회에 결과물을 보여주며
경쟁 속에서 살아남아야 하고
스스로에게도 자신이 이룬 성과를 확인시키며
이 사회에서 낙오되지 않았다고 안심시켜야 합니다.
그래서 몸도 마음도 늘 피곤합니다.

긴장을 늦출 수 없다

뒤쳐지지 않으려고 밀리지 않으려고
안간힘을 쓰며 경쟁을 치러낼 때면
스트레스와 압박감에 고통스럽고
더 이상 버틸 수가 없어 경쟁을 포기해버릴 때면
사회적 낙오자가 된 것 같은 패배감에 우울해집니다.

경쟁 스트레스
항상 피곤하다

이 사회도, 내 자신도
나를 가만두질 않습니다.
끊임없이 질책하고 사정없이 몰아부칩니다.
한국 사회에서 살아간다는 건
정말 피곤한 일인 것 같습니다.

세계 10대 무역대국.
세계에서 가장 가난한 나라에서 가장 빨리 부유해진 나라.
그렇지만 경제협력개발기구(OECD) 국가 중
10년째 자살율 1위,
남성 돌연사, 여성 우울증, 흡연율, 음주율 높고
행복지수 바닥인 나라.
물질적으로 풍요로워졌지만
삶은 더 황폐해진 오늘이 한국 사회의 현실입니다.

한국 사회에서 살아간다는 건
전쟁 같은 경쟁을 치러낸다는 것을 의미합니다.
좋은 학교에 진학해야 성공할 수 있다는 생각에
초등학교, 아니 유치원 시절부터 학원에 다니기 시작합니다.
중·고등학교 땐 명문대 진학을 위한 입시 경쟁에 시달리고
대학에 들어가서는 좋은 스펙을 쌓아
수백 대 일의 취업 전쟁에 나서야 하며,
가까스로 기업에 입사하면 인정을 받고 자리를 잡기까지
끊임없이 성과를 내야하고, 승진 경쟁에서 살아남아야 합니다.

물론 경쟁한다는 것이 꼭 나쁜 것만은 아닙니다.
자신의 잠재력을 최대한 끌어올려 높은 성과를 내게 하고
실력을 차근히 쌓아가게 하며
적응력도 좋아지게 하는 것이 사실입니다.
경쟁은 분명 한국 사회에 활력을 불어넣어주었고
한국 사회를 성장시키는 동력이었음은 분명합니다.

그렇지만 문제는 지나친 경쟁과 성과주의가
사회 깊숙이, 사회 구성원들 뼛속까지 뿌리를 내려
우리의 삶을 통제하고 옭아매고 있다는 점입니다.

한국 사회는 어린 시절부터 경쟁에 내몰리고
평생 치열한 경쟁을 치러내며 살아야 하는 사회적인 구조가
다른 나라보다 훨씬 심화돼 있어
그로 인한 스트레스와 피로감은 심각할 정도입니다.

살아간다는 것

경쟁한다는 것

전쟁한다는 것

특히 고용이 불안하고 사회적 불안정성이 커짐에 따라
살아남으려면 더욱 치열하게 경쟁해야 하고
더 많은 성과를 보여주며 경쟁에서 이겨야 하는
사회적인 구조가 더욱더 강화되어
한국 사회를 극도의 피로감에 빠지게 만들었습니다.

그렇기 때문에 '피로사회'인 한국 사회에서
몸과 마음의 건강함을 유지하며 살아가기 위해서는
무한경쟁 체제에서 벗어나
사회 구성원이 자신의 역할에 충실할 수 있는 상황이 만들어지고
열심히 노력했을 경우 만족스러운 결과를 얻고
행복하게 살아갈 수 있게 해주는 사회적인 구조가 구축되는 것이
우선적으로 필요할 것입니다.

이렇게 사회적으로 만들어갈 몫과 더불어
개개인들이 자신이 추구하는 삶의 가치에 대해 고민하고
자신만의 삶의 기준을 세우고 그러한 삶을 추구하며
다른 사람에게 보이려는 삶이 아니라
무엇보다 자기 자신에게 만족스럽고
충실한 삶을 살아가는 것이 중요합니다.

진짜 네 인생을 살아!

흉내 금지

획일화된 삶의 방식이 아니라
다양한 삶의 방식을 받아들이고
살면서 감당해야 할 그날그날의
삶의 스트레스와 피로감을
그때그때 털어내면서
몸과 마음의 컨디션을 조절해가며
자신이 원하는 삶을 추구해 나갈 수 있는
힘이 필요한 것입니다.

좀 다르게 살아도
괜찮아...

그렇게 자신이 원하는 삶의 기준을 확실히 갖고
다른 사람의 시선과 사회적 잣대에 너무 집착하지 않으며
다른 사람에게 보여지는 것보다
먼저 자기 자신에게 충실한 삶을 살아갈 때
경쟁 사회 속 다른 사람의 시선, 사회의 평가와
스스로의 다그침에서 비롯된
스트레스와 좌절감으로부터 조금씩 벗어나고
마음의 여유를 찾아갈 수 있게 될 것입니다.

비교하지 않는 삶

누구에게나 마음속에 숨겨진 상처가 있다

어린 시절 저의 집에는 싸움이 끊일 날이 없었습니다.
술을 좋아하고 친구가 좋아 밤 늦게까지 밖으로 돌던 아버지와
그런 아버지가 서운하고 불만스러웠던 어머니의 다툼에
밤마다 고함, 비명, 깨지는 소리, 부서지는 소리를
들어야 했습니다.
한 치도 물러서지 않는 두 분의 팽팽한 싸움에
날마다 불안감에 시달렸습니다.
집은 더 이상 집이 아니었습니다.
전쟁터였습니다.

엄마 아빠가 싸우면
난 어떡해요

어릴 적 가슴 졸이고 공포에 떨었던 기억은
제 마음속에 깊고 깊은 불안감을 심어주었습니다.
그래서 지금도 특별한 이유가 없는데도
꼭 무슨 일이 일어날 것 같은 불안감에
안절부절못할 때가 많습니다.

안절부절

아무렇지도 않은 듯이 살다보면 괜찮아질 줄 알았는데...
시간이 지나면 잊혀질 줄 알았는데...
기억이 희미해지면 지워질 줄 알았는데...
잊히지도 지워지지도 않습니다.
세월이 흘러갈수록 오히려 상처는
가슴 속에 깊이 자리를 잡아
더욱더 선명해지는 느낌입니다.

어린 시절 상처가
갑자기 불안감을 증폭시켜 스트레스를 더욱 커지게 하고
지나치게 긴장감을 불러일으킨다는 것을 알기에
스스로 불안 경계령을 내리고
괜찮다고 스스로를 토닥이며 마음을 가라앉히곤 하지만
불안과의 씨름은 점점 커져가기만 합니다.

어느 누구도 완벽한 부모에게서 태어나
완벽한 환경에서, 완벽하게 성장할 수는 없기에
누구나 마음속에 저마다의 상처를 갖고 있습니다.

그래서 어린 시절
보살펴주는 사람 없이 외롭게 지냈던 기억,
가족의 갈등으로 긴장 속에서 보냈던 기억,
가족과 헤어져 낯선 환경에 홀로 남겨졌던 기억,
학대나 폭행으로 고통 받았던 기억,
심한 차별을 받았던 기억,
가난 속에서 번번이 좌절감을 느꼈던 기억은
깊고 깊은 상처가 되어
내면 깊숙이 숨어 있다가
어른이 된 후에도 불쑥불쑥 튀어나와
마음을 어지럽히고 삶을 어지럽힙니다.

아무렇지도 않은 듯이 살려고 해도
그러한 상처들은 마음밭의 쓴 뿌리가 되어
마음을 병들게 하고 삶을 병들게 만듭니다.

아프지 않은 마음이
어디 있으랴

생각해보면 부모님도 그저 약하고 실수 많은
지극히 평범한 사람들이었습니다.
그런 부모님의 자식으로 태어나
한 집안의 가족 구성원이자
사회 일원으로 성장해가는 과정에서
상처를 경험하는 것은
어쩌면 당연한 일일지도 모르겠습니다.
분명한 것은 한 사람이 성장하는 데는
많은 지원과 보살핌이 필요한데
성장 과정에서 아이가 당연히 받아야 할
든든한 지원과 사랑과 관심,
그리고 인간으로서 제대로 된 존중을 받지 못했을 경우
깊고 깊은 상처로 남게 된다는 것입니다.

그리고 그 상처의 깊이에 따라, 사람의 기질에 따라
우울증, 강박증, 성격장애, 불안장애, 편집증 등과 같이
아주 심각한 병증을 보이기도 합니다.
또 콤플렉스나 무언가에 대한 집착으로 나타나기도 하며
특정 감정을 참지 못하거나
사소한 일에도 과도하게 상처를 받고
상처받는 관계를 되풀이하게 되는 것과 같은
자기 자신만이 알 수 있는 마음의 갈등과 증상으로
드러나기도 합니다.

마음의 병

기억해야 할 점은 이런 마음의 병이
자기 자신은 물론 함께 하는 주변 사람들도 다치게 하여
삶을 황폐하게 만들어버린다는 것입니다.

이젠 마음 깊숙이 숨어 있는 상처를 치유하여
건강한 마음을 회복하고 삶을 회복할 때입니다.
그냥 덮어버리고 묻어버린 채 살며
통증에 시달릴 것이 아니라
자신이 아픔을 느끼는 상처가 무엇인지 정확히 보고
내면화되어 있는 상처를 드러내고
오랫동안 마음에 담고 있던 감정들을
흘려보낼 필요가 있습니다.

더 이상 피하지 말고 진실을 마주해서
오랜 시간 덮어두었던
두려움, 분노, 슬픔 등의 감정을 인정하고
그 감정들을 흘려보내기 시작할 때
상처는 아물고 삶은 가벼워지기 시작합니다.

무서웠구나...

많이 외로웠지?...

상처
떠나보내기

괜찮아
괜찮아
괜찮아...

아무도 없는 빈 집에 들어가 불을 켤 때면,
사람이 그리워 여기저기 전화해보지만 아무도 받지 않을 때면,
몸이 아파 몸져누운 채 혼자 통증을 참아낼 때면,
즐겁게 수다 떠는 분위기에 섞이지 못하고 나 혼자만 겉돈다 싶을 때면,
이 세상에 내 편은 하나도 없다는 느낌이 들 때면,
혼자라는 외로움이 밀려듭니다.
마치 바다 한가운데 홀로 떠 있는 섬 같은 고립감 속에
산다는 것이 어쩐지 서글퍼지고 우울하게 느껴집니다.

외로우니까 사람이다

살면서 외로움을 느낄 때가 많습니다.
아니, 어쩌면 항상 외로운지도 모르겠습니다.

사람들이 곁에 있을지라도
서로 마음을 나누는 소통과 교감이 없다면
더더욱 외롭습니다.
이렇듯 외로움이라는 감정은
혼자일 때뿐만 아니라, 다른 사람과 함께일 때에도
느낄 수 있는 감정인 것입니다.

인간은 오랜 세월 홀로 있으면 어쩐지 불안하고
함께 있으면 그래도 안정감을 느끼게 되는 쪽으로 진화해왔습니다.
서로 부대끼며 불안과 외로움을 극복해온 것입니다.
그러나 최근 들어 가족과 사회공동체가 깨지고
서로의 유대감이 약해지면서 외로움을 느끼고
사회적 고립감에 시달리는 경우가 더 많아졌습니다.

사실 태어날 때도 혼자였고
떠나갈 때도 결국 혼자일 수밖에 없는
본디 외로운 존재인 인간에게 있어
외로움은 숙명이자 지극히 자연스러운 감정일 것입니다.
특히나 이별과 같은 상실감을 경험하는 상황 속에서
느끼는 외로움은 당연한 감정일 것입니다.

문제는 장기적인 외로움, 병적인 외로움에 있습니다.
외로움이 길어지고, 외로움이 깊어지면
병적으로 발전하여 중증의 우울증이 되기 때문입니다.
병적 외로움과 사회적인 고립감은
마음의 건강을 무너뜨릴 뿐만 아니라
신체의 건강과 인지능력, 판단력에도 악영향을 끼칩니다.

최근 들어 독신, 만혼, 이혼, 사별 등의 이유로
1인 가구가 늘어나고 각자 홀로 지내는 시간이 길어지면서
병적인 외로움이 우울증으로 발전하는 경우가 많아졌습니다.

가족, 이웃 등 주변 사람들과의 유대감이 사라진 상황에서
홀로 지내는 시간은 더욱 길어진 이 시대에
누구나 씨름할 수밖에 없는 외로움이란 감정에
잘 대처하고 극복해갈 수 있는 능력이
그 어느 때보다 절실히 필요한 때입니다.

외로움이 찾아 왔을 때
외로움에 치여 우울증에 시달리며 살아가거나
두려운 마음에 모바일 메신저에서 손을 떼지 못한 채
이 사람 저 사람 찾아헤매며
의미 없는 관계만 늘려가는 것은
외로움에 대한 제대로 된 대처 방안이 아닙니다.
그저 많은 사람을 만나고 많은 대화를 나눈다 해서
외롭지 않은 것이 아닙니다.
마음을 나누는 대화를 하고
진심을 나눌 수 있는 진정한 관계를 맺어야
외롭지 않기 때문입니다.

나의 질긴 **외로움**

사회적인 고립감

아픈 영혼

외로움이 찾아왔다면
소통하고 교감하며 존재감을 회복하라는 신호로 받아들이고
먼저, 홀로 자기 자신과 대화하고
더불어, 다른 사람과 교감하는 시간을 가지십시오.
이렇게 자기 자신과 대화하고 다른 사람과 소통하며
이 세상에서의 자신의 존재감을 키워나갈 때
외로움 때문에 우울해지는 것이 아니라
외로움 때문에 오히려 삶이 깊어지게 될 것입니다.

누구나 외로움, 소외감과 씨름하며
살아갈 수밖에 없는 이 시대에
외로움에 잘 대처하고, 소외감을 잘 극복해낼 수 있는 마음의 힘이
그 어느 때보다도 절실히 필요한 때입니다.

외로움 테라피

나를 강하게 지켜내는 힘이 필요해!

누구에게나 마음속에 저마다의 상처가 있습니다.
위기의 시대, 생존에 대한 걱정으로 사는 게 불안합니다.
밀리지 않으려고 살아남으려고
경쟁 속에서 스트레스와 압박감은 날로 커져가는데
가족을 비롯한 인간관계는 파괴되어 위로 또한 받지 못하니
외로움은 커지고 우울증은 더 깊어만 갑니다.

그래서 하루하루 살아내는 것이 고단하고 힘겹기만 합니다.
하나도 감당하기 힘든 판에
견뎌내야 하고 이겨내야 하는 상황들을
안팎으로 한꺼번에 맞닥뜨리게 되니
마음을 지켜내기도, 삶을 지켜내기도 벅차기만 합니다.

고단한 삶

산다는 건
왜 이리
힘든 건가요?

그렇지만 분명한 것은 우리는 이 시대에 던져졌고
이 시대를 살아가야 하고, 살아내야 한다는 것입니다.
한 번뿐인 인생, 이왕이면 건강하게 살아야겠습니다.
행복하게 살아야겠습니다.
나를 둘러싼 상황이 결코 쉽지 않지만
건강하고 행복하게 사는 것이
우리 모두에게 주어진 과제입니다.

그렇기 때문에 마음속에 숨어 내 마음을 어지럽히고
다른 사람과의 관계를 불편하게 만들어버리는
마음의 상처를 치유하고
이 시대 이 사회가 주는 불안감과 스트레스
외로움을 견뎌내고 이겨낼 수 있는 힘이
누구에게나 절실하게 필요합니다.
그러한 내공이 있어야
살면서 겪게 되는 많은 상황 속에서
마음의 평정을 유지하여
마음을 지켜내고 삶을 지켜낼 수 있기 때문입니다.

바로 이 점이 감성을 치유하고
자기치유를 통해 마음의 내공을 키워가야 하는
절대적인 이유인 것입니다.

내공이 필요해

감성치유 2코스
공감

감성치유란 무엇인가?

감성치유는
감성의 힘을 회복하는 것을 말합니다.
감성의 토대가 되는 감수성을 회복하는 것이고
마음을 추스르고 지킬 수 있는
마음 근력을 회복하는 것이며
다른 사람과 교감하며 관계를 풀어갈 수 있는
관계 근력을 회복하는 것을 의미합니다.

열일곱 감수성을 회복하는 것

"요즘 어떻게 지내?"
"그냥 그렇게 지내."
"사는 게 다 그렇지 뭐."

그저그래

나이가 든 후
오랜만에 친구들을 만나면 주고받는 이야기입니다.
삶의 무게에 치여서인지
어두운 표정, 지친 기색들이 역력합니다.
어린 시절, 젊은 시절에 만났을 때에는
인생에 대한 기대가 있어서인지
소란스러웠지만 활기가 넘쳤고 재미있었습니다.
그런데 점점 나이가 들어갈수록
얼굴 표정도, 마음의 감정도, 삶의 느낌도 잃어버린 채
무표정해지고 무감해지고 무덤덤해져 버렸습니다.

살수록 그렇게 기쁜 일도, 그렇게 슬픈 일도 없습니다.
그리 관심 가는 일도, 그리 감동을 받는 일도 별로 없습니다.
분명 살아 있고 살아가고 있지만
살아 있다는 느낌도 느끼지 못한 채
그냥 떠밀려서 하루하루 살아가는 느낌입니다.

느낌도 없이

무덤덤

어른이 된다는 것은
표정도, 느낌도, 감성도 잃어버린 채
점점 무덤덤해지는 과정인 것 같기도 합니다.

가까이에 있는 동네 뒷산에서도
자연의 변화에 깊이 감동하며
온전히 즐기는 사람이 있는가 하면
아름답고 신비로운 지리산까지 가서도
별다른 느낌과 감동 없이
덤덤하게 반응하는 사람이 있습니다.
거리에서 펼쳐지는 공연에도 호기심을 갖고 즐거워하며
그 시간을 즐기는 사람이 있는가 하면
별다른 관심 없이
심드렁하게 반응하는 사람도 있습니다.

느낄 수 있는 감각,
감수성이 있느냐 없느냐의 차이입니다.
감수성이 풍부한 사람은
인생에 대한 기대가 있고
새로운 것에 대한 호기심이 있으며
삶의 재미와 즐거움을 찾고 작은 일에도 감동할 줄 압니다.
반면 감수성을 잃어버린 사람은
호기심도 즐거움도 감동도 느끼지 못한 채
인생에 대한 별다른 기대도 없이 무덤덤하게 살아갑니다.

따라서 감수성이란
행복을 느낄 수 있는 감각이라고도 말할 수 있습니다.
감수성이 있느냐 없느냐에 따라
같은 상황에서 행복을 누릴 수도 있고
행복을 지나쳐버릴 수도 있기 때문입니다.

가슴 뛰는 삶

사실 어린 시절에는 누구나 새로운 것에 대한 호기심이 있었고
재미와 즐거움을 느낄 수 있는 감각이 있었습니다.
사춘기 땐 사람들의 시선에 부끄러워하고
작은 일에도 가슴 졸이는 순수함과
앞으로의 인생에 대해 기대하는 마음이 있었습니다.

그런데 어른이 된 후에는
느낄 수 있는 감각, 감수성을 잃어버리고
아무런 느낌도 감정도 없이 살아가는 경우가 많습니다.
그래서 주변의 상황에 관심도 없는 상태 – 무관심無關心
어떤 일에도 감동을 느끼지 못하는 상태 – 무감동無感動   3無
삶의 의욕을 잃어버린 상태 – 무기력無氣力
이렇게 3무無의 상태가
오랫동안 지속되기도 합니다.

감성치유란 느낄 수 있는 감각, 즉 감수성을 회복하여
무관심, 무감동, 무기력의 3무無를 극복하는 것입니다.
그래서 자기 자신과, 자신을 둘러싼 주변에 다시 관심을 갖고
일상의 소소한 것에 감동할 줄 알며
살고자 하고, 뭔가 하고자 하는 의욕을 회복하여
앞으로의 인생에 대한 기대감을 다시 갖게 되는 것입니다.
내 안의 열일곱 감성을 되찾는 것입니다.

내 안의
열일곱

내 마음의 소리를 듣는 것

어려서부터 내성적이고
불안한 환경, 경직된 분위기에서 자란 탓에
성장하면서 이 눈치 저 눈치만 볼 뿐
"나도 그 인형을 갖고 싶어."
"난 이게 좋아."
이렇게 있는 그대로 솔직하게
내 마음을 드러낸 적이 거의 없었습니다.
그래서인지 어린 시절부터 어린아이가 말수가 적고
무척 어른스럽다는 얘기를 자주 들었습니다.

오랜 세월, 내 목소리를 내지 못하고
내 감정을 표현하지 못하고
묻어버린 채 덮어버린 채 살다보니
어른이 된 후에는
내가 정말 바라는 것이 무엇인지
원하는 것이 무엇인지
아예 감지하지 못하는 상태가 되어버렸습니다.
내 마음이 무엇을 말하는지... 들을 수 있고
내 솔직한 심정이 무엇인지... 알아차릴 수 있는
감각 자체를 잃어버린 것입니다.

내 마음
잘 모르겠습니다

내 마음의 소리
잘 들리지 않습니다

내가 무얼 원하는지
모르겠습니다

산다는 것이 고통스러운데
이것이 절망 때문인지... 분노와 원망 때문인지...
소외감 때문인지... 두려움 때문인지...
도무지 분간할 수가 없었고,
그 상황에서 내가 정말 바라고 원하는 바가 무엇인지를
도무지 알아차릴 수가 없었습니다.
그렇기에 뭔가 결정을 해야 하는 상황이면
머뭇거리다가 그 상황으로부터 도망쳐버리거나
결정하지 못하고, 선택하지 못하고
전전긍긍 갈등하는 때가 많았습니다.

선택이 어렵다...

자신의 마음의 소리를 듣지 못한다는 것은
자신이 원하는 것이 무엇인지 모른다는 것을 의미합니다.
그렇게 자신의 마음의 방향을 모르기에
자신의 진정한 목소리를 낼 수도 없는 것이고
결국 자신이 어떤 사람인지 자신의 참모습도 모른 채
자기 자신을 잃고 살아가게 되는 것입니다.

자기 자신을 잃어버렸다는 것은
자기 정체성이 분명하지 않다는 것이고
결국 자기 확신이 없다는 것을 말합니다.
그렇게 자기 확신이 없기에
살면서 겪게 되는 많은 상황 속에서
갈팡질팡하고 우왕좌왕하게 되며
점점 더 스스로에 대한
자신감을 잃어버리게 되는 것입니다.

나를 잃어버린 채...

갈팡질팡

감성치유는
내 마음이 무엇을 말하는지...
내가 정말 원하는 것이 무엇인지...
내 마음의 소리를 들을 수 있고
내 마음의 방향을 알아차리게 되는 것을 말합니다.
그렇게 내 마음의 소리를 듣게 되고
내 마음을 알게 됨으로써
자신의 진정한 목소리를 내게 되고
삶의 방향이 점점 확고해지는 것을 의미하는 것입니다.

마음의 소리

이젠 들을 수 있어요...

마음의 독소를 털어내는 것

침착하게 대처하고 싶은데 안절부절 어쩔 줄 몰라하고
우울한 기분을 털고 활기차고 싶은데 더욱더 의기소침해집니다.
냉정하게 마음의 평정을 찾고 싶은데 분노가 치솟고
그냥 넉넉하게 넘기고 싶은데 또다시 자존심을 내세웁니다.

'그럴 생각은 아니었는데…'
'그렇게까지 할 필요는 없었는데…'
'그냥 털어버려야 하는데…'

내 마음이
왜 이러지?

속상해 하고 후회하지만
내 뜻대로 안 되는 것이 마음입니다.

때로는 지나칠 정도로 예민해져
주변 사람들에게 날을 세우는가 하면
때로는 지나칠 정도로 자책하고 의기소침해져
우울한 상태에 빠져 버립니다.

모두가 마음에 쌓여 있는 감정이 많아서입니다.
감정이 흘러가지 못한 채
오랫동안 마음속에 쌓이고 쌓여
마음밭에 쓴 뿌리를 내리고 독한 기운을 만들어내
마음을 황폐하게 하고 삶을 어지럽히고 있는 것입니다.

사실, 지금껏 살아오기까지
많은 일들을 경험했고, 많은 사람들을 겪었습니다.
그 과정에서 인생이 즐겁고 살맛나는 때도 있었지만
산다는 것이 고통스럽고 죽을 맛인 경우가 훨씬 더 많았습니다.
그래서 누군가를 한없이 원망한 적도 있었고
배신감에 치를 떨며 분노하고 미워하기도 했습니다.
지독한 스트레스 때문에 무기력증에 빠지고
끝도 없는 자책감으로 우울증에 빠진 적도 있었습니다.

고통스러운 상황 속에서
분노하고 원망하고 절망에 빠졌다가 우울해지는 것과 같은
부정적인 감정이 느껴지는 것은 지극히 자연스러운 일입니다.
다만 그러한 부정적인 감정들을 오랫동안 마음속에 품지 않고
지나가게 하고 흘러가게 하는 것이
무엇보다도 중요합니다.

그런데 우리에게는 미처 흘려보내지 못한 채
붙잡고 있는 감정들이 너무나 많습니다.
미움도 놓아주고, 슬픔도 지나가게 하고
고통도 조금씩 사그라질 수 있게끔
감정들을 흘려보내야 하는데   쌓인 게 많아!
가슴 속에 쌓아두고 있는 것입니다.
흘려보내지 못한 채
마음속에 쌓여 있는 부정적인 감정은
강한 독성을 갖게 되어 자기 자신을 공격하고
다른 사람을 공격해 삶을 흔들어 놓습니다.

감성을 치유한다는 것은
이제까지 살아오면서 나도 모르는 사이에
가슴 속에 쌓여 있던 감정들을 흘려보냄으로써
마음의 독을 털어내는 것을 의미합니다.
그래서 무거웠던 마음이 가벼워지고
답답했던 마음이 후련해지며
삶이 조금씩 홀가분해지고 자유로워지는 것이
감성치유인 것입니다.

내 안의 독

털어내다

비워내다

흘려보내다

삶의 의욕을 되찾는 것

아무 것도 원하는 것이 없고
아무 것도 하고 싶은 것이 없습니다.
특별히 관심 가는 일도 없고
만사가 다 귀찮기만 합니다.
누구와도 만나고 싶지 않습니다.
외부와의 접촉을 끊은 채 집에만 틀어박혀
하루 종일 방안에서 시간을 보낼 때가 많습니다.

해야 할 일들은 쌓여 있고
그 일들을 할 수 있는 능력이 없는 것도 아니지만
왜 해야 하는지 그 필요성을 느끼지 못하고
왜 해야 하는지 그 동기를 잃어버렸기에
움직이지 않은 채 넋 놓고 바라만 보고 있습니다.

이렇게 시간만 보내는 내 자신이 한심하고
정말이지 마음에 들지 않지만
만사가 공허하게만 느껴질 뿐
도무지 의욕이 생기질 않습니다.

점점 더 무기력해지는 느낌입니다.

문제는
무기력이다

살면서 때때로 무기력증을 경험할 때가 많습니다.
의욕도 기력도 상실한 채
외부와의 소통도 없이
자기 혼자만의 세계에 빠져들기도 합니다.

감성을 치유한다는 것은
이런 무기력증을 극복하고
삶의 의욕을 회복하는 것을 의미합니다.

지속적인 스트레스로 인해
또는 삶의 방향을 잃어버려 놓치고 있던
'지금 왜 이 자리에 있어야 하는지...'
'왜 이 일을 해야 하고...'
'그래서 내가 이루고 싶은 것이 무엇인지...'
처음 가졌던 동기와 삶의 목표를 다시금 기억하면서
에너지를 자신에게 집결시키고
삶의 의욕과 활기를 되찾는 과정이
감성치유인 것입니다.

의랏차차

그래, 다시 해보는 거야!

상대방의 마음을 헤아리는 것

자기 자신의 마음도, 다른 사람의 마음도
좀처럼 헤아리지 못하는 세상입니다.
입장을 좀 바꿔서 생각해보고
상대방의 심정을 조금이라도 헤아렸더라면
그런 말을 함부로 할 수 없었을 것이고
그런 행동을 서슴없이 할 수 없었을 것입니다.

감성을 치유한다는 것은
자신의 감정을 알아차리고 감지하는 감각이 예민해지면서
더불어 다른 사람의 감정을 알아차리고
감지하는 감각도 살아나는 것을 의미합니다.
그래서 감성을 치유하게 되면
자기 마음도, 다른 사람 마음도
헤아릴 수 있게 되는 것입니다.

다른 사람의 마음을 헤아리는 것은
감정이입Empathy을 통해 가능합니다.
감정이입이란 다른 사람이 처한 상황을
마치 자신이 처한 상황처럼 생각하여
그 상황에서 상대가 느끼고 있는 감정을
실제로 똑같이 느낄 수 있는 능력을 말합니다.

사실 다른 사람의 입장에서 생각하고 느낌으로써
상대의 마음을 가늠하고 헤아린다는 것은
누구에게나 어려운 일입니다.
왜냐하면 인간은 본래 자기중심적 존재라
대부분 자신의 생각, 자기 감정에 매몰되어
결국에는 나의 관점이 정당하고
'그래도 내 판단이 맞다'는 생각에
갇혀 있기 때문입니다.

오랜 세월 자신의 생각, 가치관, 편견 등이
쌓여 만들어진 자신만의 관점이 있고
그 관점으로 사람을 바라보고 있기 때문에
다른 사람의 입장에서 바라보기도 어렵고
다른 사람의 생각과 감정을 온전히 받아들이고
이해하기도 어려운 것입니다.

감성을 치유한다는 것은
자신이 가지고 있는 관점의 한계를 자각하여
내 안의 편견과 내가 옳다는 생각을 경계하고
조금 더 열린 마음으로
다른 사람의 모습을 있는 그대로 받아들이고
그들의 생각, 감정을 헤아리고
이해하게 되는 것을 의미합니다.

네 마음
내가 안다

다른 사람과의 관계가 여유 있어지는 것

도대체 왜 저렇게 얘기하는지...
도대체 왜 저렇게 행동하는지...
노무지 이해할 수가 없습니다.
그래도 당신을 이해하고 싶고
당신과 잘 지내고 싶은데
번번이 나만 실망하고 나만 상처받는 느낌입니다.

사람이... 아픕니다...
관계가... 고통스럽습니다...
도대체 뭐가 문제인지 모르겠습니다.
사람과의 관계, 참 어렵습니다.

그가 불편하다

그 사람이 아프다

51

사회생활을 하면서 받는 스트레스의 80퍼센트 이상이
'인간관계' 때문이라고 합니다.
일 자체로 받는 스트레스보다
같이 일하는 사람 때문에 받는 스트레스가
훨씬 크다는 얘기입니다.
실제로 직장인들이 불행하다고 생각하는 이유가
어려운 인간관계 때문이라는 조사 결과나
세계 1위, 2위를 다투는 우리나라의 이혼율은
인간관계에 힘겨워하는 오늘 우리들의 현실입니다.

세상에 태어나면서부터 우리는
부모자식으로, 형제자매로, 친구로
연인으로, 부부로, 직장동료로, 이웃으로
많은 사람들과 인간관계를 맺고 살아갑니다.
하루에도 수십 명의 사람을 만나고
그들과의 관계를 통해
행복과 불행, 기쁨과 분노, 즐거움과 슬픔 등
다양한 감정들을 경험합니다.
앞으로도 원하든 원하지 않든
이 세상에 존재하는 동안에는
많은 사람들과 만나고 그들과 관계를 맺고
어울리면서 살아가야 할 것입니다.

일보다도
사람이 힘들다

사람과 사람 사이에 관계를 맺고
그 관계를 조화롭게 유지해가는 것은
건강하고 행복한 삶을 살아가기 위해
가장 중요한 일이지만
또한 가장 어려운 일이기도 합니다.
그래서 아이는 친구들과 힘들어 하고
아빠는 직장동료들과 힘들어 하며
엄마는 식구들과 힘들어 하고
노인은 홀로 외로워 힘들어 합니다.

감성을 치유한다는 것은
내 마음이 건강하고 여유 있어져서
다른 사람들과의 관계도 건강하고
여유 있어지는 것을 의미합니다.

내 마음이 넉넉할 때에는
다른 사람과의 관계도 여유 있게 대처할 수 있습니다.
웬만한 상황은 그냥 넘길 수도 있고
사소한 일에 크게 상처 받지도 않으며
사람들에게 날을 세우는 일도 줄어들게 됩니다.
반면 내 마음이 척박하고 여유가 없을 때에는
작은 일에도 예민하게 반응하고
사람들에게 날카롭게 날을 세우는 일도 많아집니다.

왕따

못된 상사

자식노릇하기
참 힘들다

엄마,
그만두고 싶다

인간관계를 여유 있게 풀어가기 위해서는
먼저 내 마음의 건강을 회복해서
마음의 안정감과 여유를 찾는 것이 가장 중요합니다.
그런 다음, 여유 있는 마음으로
다른 사람들을 만나 교감하며
그 마음을 헤아릴 수 있어야 합니다.
그렇게 다른 사람의 마음을 헤아리고
그들의 생각과 감정을 이해해가면서
내 마음도 아프지 않고
다른 사람의 마음도 다치지 않는 방향으로
건강하게 반응하고 서로의 관계를 풀어나갈 때
사람과 사람 사이의 관계가 성장할 수 있게 되는 것입니다.

마음의 안정

관계의 안정을 찾다

사실 다른 사람과의 관계가 여유 있어지는 것은
하루아침에 이루어지거나
단기간에 일어날 수 있는 일이 결코 아닙니다.
왜냐하면 다른 사람과의 관계를 풀어가는 능력은
내 마음의 안정과 건강, 감정이입 능력,
그리고 다른 사람과 교감하며
내가 느끼는 감정들을 건강한 방식으로
표현할 수 있는 능력을 전제로 하기 때문입니다.
특히 감정적인 안정감을 찾고, 자존감을 회복하는 것은
다른 사람과의 관계를 건강하게 풀어가기 위한
핵심적인 열쇠입니다.

내 마음이 건강하지 않아 감정적으로 불안정하고
자존감이 낮아 스스로를 존중하지 못하고 위축되어 있다면
다른 사람의 마음을 제대로 헤아리지도 못하고
다른 사람의 진심을 받아들이지도 못하여
서로의 관계를 불편하게 만들어
결국 틀어져버리게 만들 수 있기 때문입니다.

감성을 치유한다는 것은
먼저 내 마음이 건강해지는 것을 의미하는 것이고
더불어 건강해진 내가 다른 사람과의 관계에서도
감정의 처리와 반응 방식이 더욱 성숙해져서
관계를 여유롭게 풀어간다는 것을 의미하는 것입니다.

마음이 여유로우면
관계도
편안해진다

감성치유 3코스

정화

내 안의 감수성 깨우기

감성의 토대가 되는 감수성을 회복하면
기분 좋은 느낌, 살아 있는 느낌이 살아나고
일상의 소소한 행복을 누릴 수 있게 됩니다.
자연을 가까이 하고, 창작활동을 하며
낯선 곳으로 여행하고, 마음껏 웃기를 실천했을 때
감수성이 조금씩 살아나고 마음의 활기와 생동감이
살아나는 것을 느낄 수 있을 것입니다.

자연 속에서 굳은 감각 일깨우기

살아가면서 여러 사람들을 만나게 되면
나도 모르게 피로감이 쌓이고
마음이 한없이 무겁게 느껴질 때가 많습니다.
그런 상황에서 컨디션 조절을 제대로 못했을 경우
금방 의기소침해지고 우울해지며 무기력해지기 일쑤입니다.
내 상태가 좋지 않으니 매사에 자신이 없어지고
사람들을 만나는 것이 한없이 부담스러워지며
일을 계속할 수 있을지 근본적인 고민에까지 빠지곤 합니다.

이런 상태를 여러 번 겪으면서
확실하게 알게 된 것들이 있습니다.
감성치유는 그 누구보다도 내 자신이 필요한 사람이라는 것,
한 번으로 끝나는 것이 아니라
날마다 그날 분량의 치유가 필요하다는 것,
그리고 감성치유는 결국 생활이자
일상이 되어야 한다는 것입니다.

이젠 내 자신이 얼마나 약한 존재인지
얼마나 흔들리기 쉬운 존재인지를 알기에
마음에 빨간불이 켜지지 않게
컨디션을 조절하고 스스로 조심하곤 합니다.

일상에서 마음의 컨디션을 조절하고
감각을 회복할 수 있는 가장 효과적인 방법 중의 하나는
자연을 가까이 하는 것입니다.
그래서 저는 마음의 피로감이 쌓여 무거워지고
뭔가 마음의 감각이 떨어졌다고 느껴질 때면
연구소 앞 안산 숲으로 향합니다.

숲으로
바람 쐬러 가다

산허리를 감은 나무데크를 따라 숲길을 걸어가면
사람 소리는 잦아들고 조용한 정적 가운데
바람에 스치는 나뭇잎 소리, 새 소리만 가득합니다.
숲길을 걸으면서 나무와 나무 사이로 보이는 파란 하늘
나뭇잎 사이로 쏟아지는 햇빛을 보고
자연이 주는 맑고 상쾌한 기운을 온몸으로 느끼다보면
자연스럽게 마음의 피로감이 풀리고
느낄 수 있는 감각이 다시 살아나며
마음이 조금씩 안정을 찾아가게 됩니다.

사람에게는 마치 고향을 그리워하듯
자연을 향한 그리움의 유전자가 있다고 합니다.
그래서인지 자연 속에 있을 때
뭔가 편안해지고 마음의 안정을 찾아가는 듯한
느낌을 받을 때가 많습니다.

마음이 피로하고 무겁게 느껴진다면...
스트레스로 머리가 터질 것만 같다면...
아무런 느낌도 없이
하루하루를 그저 무덤덤하게 살아간다고 느껴진다면...
자연으로 가십시오.
가까운 공원, 숲, 산, 들, 강, 바다, 하늘
그 속에 들어가 평화로움을 느끼십시오.

자연은 무뎌진 감각을 회복시키고
감정을 긍정적으로 변화시켜
삶에 대한 새로운 의욕을 갖게끔 일깨워주는
아주 특별한 장소입니다.
자연 속에서 걷고, 올라가고, 내려가고, 건너가면서
마음껏 몸을 움직이십시오.
처음에는 빨리 걸어 마음속의 쌓인 감정을 비워내고
나중에는 천천히 걸으며 마음속의 감정을 들여다보십시오.
중간중간 깊이 호흡하며
마음을 잔잔히 가라앉히는 시간을 갖는 것도 좋습니다.

일상에서 벗어나
자연 속에서 몸을 움직이다보면
오감이 자극을 받아 둔해졌던 감각이 살아나고
굳었던 마음이 조금씩 풀리면서
유연함과 여유로움을 찾아가게 됩니다.
더불어 매여 있던 생각과 감정의 흐름에서 벗어나
일상에서 느낀 걱정, 근심, 스트레스를
내려놓을 수 있게 만들어 줍니다.

특히 일상과의 단절은 내가 직면하고 있는 상황,
그로 인한 생각과 감정에서 한 발짝 떨어져
객관적으로 그 상황을 바라보게 해주는 효과가 있습니다.
그래서 자연 속에서의 호젓한 시간을 가진 후
일상으로 돌아와 다시 그 상황과 대면했을 때
이전과는 다른 새로운 관점으로 바라보게 되고
해결의 실마리들을 하나하나 찾아가게 되는 것입니다.

동서고금을 막론하고 많은 사람들이
자연 속에서 휴식의 시간을 가지며
마음의 감각을 되살리고 마음을 추스르는 까닭이
바로 여기에 있습니다.

숲에서
희망을 보다

정기적으로 숲에서
걷기, 등산하기

집이나 사무실 등
활동 공간에서
화초 가꾸기

봄 여름 가을 겨울
계절에 한 번씩 자연에서
해 뜨고 지는 것 바라보기

봄 여름 가을 겨울
사계절을 담은
영상이나 사진 보기

예술 활동으로 감정 정화하기

어린 시절부터 자기 표현의 통로가 별로 없어서인지
유난히 예술, 창작 활동에 대한 관심이 많았습니다.
나름 현실을 고려한다고 대학에서의 전공은 경영학과를 선택했지만
수업 후에는 무작정 사진을 찍었고
금속공예를 배우러 다니기도 했으며
디스플레이와 인테리어디자인을 공부하고
미술사와 미학에 대한 책을 탐독했습니다.
결국 대학원을 예술경영학과에 진학하면서
예술에 대한 관심을 제 나름대로의 방식으로 통합하는 과정을 갖고
그 과정에서 지금의 감성치유 활동을 시작하게 되었지만
그때 그렇게 끊임없이 예술 활동에 관심을 갖고 추구했던 이유가
창작 활동을 통해 뭔가 살아있다는 느낌을 느끼고 싶어서였고
마음을 표현할 수 있는 감정적인 분출구를
본능적으로 찾았기 때문이 아닌가 싶습니다.

분명한 것은 직간접적인 예술 활동, 창작 활동을 경험하는 가운데
굳어져 있던 감각이 풀리며 감수성이 살아나기 시작했고
감정이 조금씩 정화되기 시작했다는 것입니다.
동판을 두드리거나 흙을 주무르고
그림을 그리거나 사진을 찍으며
감정을 자연스럽게 발산할 수 있었고
소설이나 영화 속 주인공의 내적 갈등을 보면서
뭐라 표현할 수 없었던 내 안의 감정들을 읽어내고
내 자신의 진짜 모습을 돌아볼 수 있었습니다.

예술의 힘

인간이라면 누구나 자신을 표현하고자 하는 욕구가 있습니다.
그래서 자기를 표현하고
자기 안에 느껴지는 많은 감정들을 표현하기 위해
노래를 부르고, 춤을 추며, 글을 쓰고, 그림을 그립니다.
더불어 다른 사람의 노래를 듣고, 춤추는 것을 보고, 글을 읽고
그림을 보며 교감하는 가운데 자신의 감정을 정화시킵니다.

새로운 감각이

다시 살아난다!

이처럼 예술 활동은
창작을 통해 내면의 감정을 분출시키고
감상을 통해 다른 사람과 감정을 나누는 교감의 과정입니다.
직접적인 창작 활동이든, 간접적인 감상 활동이든
예술 활동은 의식과 무의식 속의 갈등과 상처를 직면하게 하고
자연스럽게 표출하게 하여
그 안에서 카타르시스를 느끼며
심리적으로 안정을 찾아가는 치유 활동인 것입니다.

카타르시스

그러므로 뭔가 살아있다는 느낌을 찾고 싶고
감정적으로 안정을 찾고 싶다면 예술 활동을 즐기십시오.

예술을 즐기는 데는 두 가지 방법이 있습니다.
첫 번째는 직접적인 창작 활동을 하며 예술을 경험하는 것입니다.
살면서 느끼는 감정을 소리, 글, 그림, 사진, 춤 등으로
다양하게 표현해보십시오.
'나는 영 감각이 없는데...'
'그래도 좀 그럴 듯하게 해야 하는데...'와 같은 염려에서 벗어나
마음 가는 대로, 마음 내키는 대로
자유롭게 표현하는 것이 중요합니다.

사진 찍는 게 좋으면 사진 찍기를 시작하면 되고
그림 그리는 데 마음이 가면 그림을 그리면 됩니다.
글도 써보고, 흙을 주물러 그릇도 만들어보고
가구를 리폼하거나, 요리를 시도해보는 것도 좋습니다.

어떤 예술 활동이든 어떤 창작 활동이든
활동 자체를 그냥 즐기십시오.
결과물의 완성도나 평가에 신경 쓰지 말고
직접 글을 쓰고, 그림을 그리고, 손으로 만지며
하나하나 만들어가는 창작의 과정을 즐기다보면
경쟁 중심의 파편화된 삶 속에서
잃어버렸던 존재감이 다시 살아나고
마음속에 눌려 있던 감정의 응어리가 자연스럽게 빠져나가
가슴 한가운데가 후련해지고
새로운 감각이 다시 살아나는 것을 느낄 수 있을 것입니다.

예술을 즐기는 두 번째 방법은
간접적인 감상의 기회를 많이 갖는 것입니다.

창작물을 감상하는 것은 마음으로 느끼고 교감하는 일입니다.
문학, 미술, 음악, 연극, 영화, 무용 등 장르에 구애 받지 말고
다양한 창작물들을 감상하고 느끼고 교감하십시오.
많은 작품을 보고 감상하는 것은
무뎌진 감각을 일깨워 감수성을 살려주고
작품과의 교감을 통해
자신의 감정, 자신의 본 모습과 직면하게 하여
감정을 정화시키고 감성을 치유해줍니다.

예술을 즐기는 것은
창작과 감상을 통해 둔해진 감수성을 일깨우고
감성을 치유할 수 있는 위대한 행위입니다.

낯선 곳을 여행하며 삶의 활기 회복하기

어스름한 저녁, 저 멀리 보이는 마을에
하나 둘 불빛이 켜지는 것을 지켜봅니다.
어떤 사람들이 살고 있을까?...
어떤 인생들을 꾸려가고 있을까?...
생각하며 불빛을 향해 걷기 시작합니다.
한 번도 와본 적 없고
아는 사람이라곤 한 사람도 없는 낯선 곳에서
불안함과 막막함, 기대감과 설렘이 교차합니다.
해가 완전히 지고 깜깜한 어둠 속에서
불빛을 쫓아 마을로 향하는 길을 걷노라면
세상 끝 마지막 마을로 들어가는 느낌입니다.
숙연해진 마음으로 인생의 마지막 발걸음을 내딛듯이
한 발 한 발 내딛습니다.

매일 숨 돌릴 겨를도 없을 만큼 바쁜 삶이 계속되어
지칠 대로 지쳐버렸거나
반복되는 일상 속에서 매너리즘에 빠졌을 경우
일이고 뭐고 다 내팽개치고
어디론가 멀리 떠나고 싶어집니다.

몸도 마음도 너무 지쳤고...
모든 일상을 영혼 없이
습관적으로 과제를 해치우듯
의무적으로, 기계적으로 살아간다 싶으면
어디론가 무조건 떠나십시오.

꼭 멀리 가지 않아도
오랫동안 머무르지 않아도 좋습니다.
몇 시간의 여행
한나절의 여행도 괜찮습니다.
일상을 탈피해
가까운 교외나 바다, 섬 등 낯선 곳으로 가십시오.

낯선 세상 속으로

떠나라

사람은 같은 환경에서 반복되는 일상을 살다보면
변화 없는 밋밋한 생활 속에 매몰되어
덤덤해지게 마련입니다.
그러니 일상이 지겨워질 즈음에는 새로운 곳으로 가
이제껏 볼 수 없었던 풍경과 거리, 음식, 문화를 체험하며
새로운 만남을 즐기십시오.
낯선 곳으로의 여행에 자신을 과감하게 내던지십시오.

여행은 매너리즘에 빠진 일상생활에서 탈출하여
낯선 환경 속에서 색다른 경험을 함으로써
다양한 감정들을 느끼며
둔해졌던 삶의 감각을 되살릴 수 있는 효과적인 방법입니다.
특히 스마트폰, TV, 인터넷, 메일, 일 등에서 벗어나
세상으로부터 거리를 둔 상태에서
자기 자신을 되돌아보며
자신과 세상을 재인식해가는 과정이 여행입니다.

여행을 하면서 탁 트인 하늘을 쳐다보며 가슴 후련함을 만끽하고
자연의 상쾌함과 경이로움을 느끼며
현지인들이 살아가는 모습 속에서
삶의 모습, 자신의 모습을 돌아보는 것만으로도
이미 치유는 시작된 것입니다.

여행을 떠날 때는 반드시 카메라와 노트를 준비하십시오.
카메라는 평소 손에 익은 것이 좋고
노트는 작고 얇아 가방에 쏙 들어가는 것이 좋습니다.
요즘엔 스마트폰 하나로
이 모든 준비가 한꺼번에 끝나기도 합니다.

여행을 시작하기 전의 설렘으로부터
자연 속에서의 평화로움, 다른 문화에서 느끼는 신선함
그리고 새로운 만남과 그 안에서 오가는 교감과
여행을 끝낼 때의 아쉬움까지
여행 중에 느꼈던 감정과 생각들을 빠짐없이 기록하십시오.
이는 여행을 마음으로 담아내는 작업입니다.
여행의 과정을 사진과 글로 표현했을 때
여행의 즐거움과 감동은 커지고 여운은 더욱더 오래 남게 됩니다.

낯선 곳에서

처음 만나는 나

우리는 때때로 낯선 곳에 가 새로운 세계를 경험하면서
오랫동안 씨름했던 문제가 풀리고
크게만 느껴졌던 고민이 작아지는 듯한 경험을 할 때가 많습니다.
시야가 넓어지고, 인생의 흐름 속에서
내 문제를 바라보게 되었기 때문일 것입니다.

낯선 길에 서니
비로소
보이는 것들...

이렇듯 여행은 삶을 바라보는 시야를 넓히고
세상을 바라보는 관점을 바꿔놓기도 합니다.
그래서 내가 소중하고, 내 곁을 지켜주는 가족이 소중하며
함께 하는 이웃, 내게 주어진 시간
그리고 삶이 소중하다는 것을 깊이 깨닫고
새로운 기분으로 다시 시작할 수 있는 길을 열어줍니다.

여행을 떠나십시오.
홀로 떠나 깊어지는 시간을 가지십시오.
때때로 마음 맞는 친구와 함께 떠나 행복한 시간을 누리십시오.
여행이 당신의 삶에 새로운 활기를 찾아줄 것입니다.

여행은 세상과 자연
인간의 본래 의미를 새롭게 일깨워주고
삶의 새로운 활기를 찾게 해주는
회복과 치유의 과정입니다.

웃음으로 긴장된 마음 풀어주기

저는 대부분 어둡고 무거운 스타일을 선호하는 편입니다.
색깔도 밝은 색보다는 어두운 색을 더 좋아하고
사람도 가벼운 사람보다는 진중하고 무게감 있는 사람이 더 좋습니다.
책도 음악도 영화도 가볍고 경쾌하기보다는
다소 무겁더라도 인생에 대한 메시지를 주는 진지한 스타일을
더 선호하는 편입니다.
이런 취향 탓에 개그 프로나 코미디 영화 등은
그리 잘 보는 편이 아니었습니다.
다소 억지스럽게 느껴지고
그렇게 웃는 것이 가볍고 공허하게 느껴졌기 때문입니다.
나의 이런 취향은 40대 초반까지도 계속됐습니다.

웃음기 없는 삶

심각한 얼굴

문제는 우울 모드에 들어갔을 때
내가 선호하는 색깔, 패션, 책, 음악, 영화를 계속 접하게 되면
더 어두워지고 우울해진다는 것이었습니다.
그렇게 마음이 점점 더 우울해지고
점점 더 무거워지는 악순환에 빠져 있을 때
이렇게 가면 안 되겠다는 위기감을 느끼게 되었고
우울한 감정에서 빠져나오기 위해
억지로라도 웃으려고 애쓰기 시작했습니다.

그렇게 웃으려는 노력의 일환으로
그전까지는 잘 보지 않았던 코미디 영화, 시트콤을
일부러 찾아보기 시작한 것입니다.
처음에는 집중이 잘 되지 않았고, 이해도 되지 않았는데
조금씩 웃음 코드를 알게 되면서
지금은 너무 재밌어서 열 일을 제쳐놓고 보면서
배꼽을 잡고 웃습니다.

그래,

이제

웃는 거야

참 신기하게도 코미디 프로를 보고서든
상황이 웃겨서든, 대화가 재미있어서든
낄낄거리며 한바탕 크게 웃다보면
스트레스가 확 풀리고 가슴이 후련해지며
기분이 좋아진다는 것입니다.
상황이 바뀐 것도, 문제가 해결된 것도 아닌데
웃고 난 뒤에는 무겁게만 느껴졌던 상황이
아무것도 아닌 것처럼 느껴지고
우울한 감정이 일시에 확 사라지는 느낌입니다.

일상 속에서도 누군가의 엉뚱한 실수를 보며 키득거리고
한마디의 재치 있는 입담에 신나게 웃다보면
긴장되고 딱딱했던 분위기가
부드럽게 풀려버리는 경우를 많이 경험합니다.
이처럼 웃음은 긴장된 마음을 풀어주고
스트레스를 해소시키며
마음의 고통에서 벗어나게 해줍니다.

한바탕 웃고 나면
후련해진다

돌이켜보면 어린 시절에는 웃음도 많았습니다.
혼자 웃긴 상황을 상상하면서
친구들과 대화하면서
시도 때도 없이 웃고 낄낄거렸습니다.
지금 생각해보면
그땐 뭐가 그렇게 재미있었나 싶습니다.

하지만 어른이 되면서는 웃음을 잃어버렸습니다.
어른이 된 후에는 배를 움켜잡고
유쾌하게 웃었던 기억이 거의 없습니다.
'나이가 들어갈수록 웃을 일이 없다'는 말을
고스란히 몸소 체험하고 있는 것처럼요.
살아갈수록 점점 삶이 팍팍해지고, 마음의 여유도 없어지니
웃을 일이 없다는 말이 맞는 것도 같습니다.
살아가는 세월이 쌓일수록 점점 웃음을 잃어가는 우리에겐
웃음의 힘이 절실히 필요합니다.

기억해야 할 것은 웃음은 즐거워서 웃는 것이 아니라
웃어서 즐거워지는 마음의 감각이라는 사실입니다.
이는 웃음이란 단지 즐거운 기분에서 나오는 것이 아니라
세상을 밝고 긍정적으로 살고자 하는 태도에서
나온다는 것을 의미하는 것입니다.

그렇기에 웃을 수 있는 감각을 살리려면
먼저 자기 자신을, 자신에게 주어진 삶을 소중하게 여기고
지켜야겠다는 마음부터 가져야 합니다.
그러고 나서 나를 지키고, 나의 삶을 지키기 위해
일상에서 겪게 되는 많은 상황들을 너무 비약하거나
지나치게 심각하게 바라보지 않고
담담하게 받아들일 수 있는 태도를 유지하는 것이 중요합니다.
매사에 너무 진지하고 심각한 나머지
상황을 비약하게 되면
긴장감에 짓눌리고 마음이 경직되어
결국 웃음을 잃어버리게 되기 때문입니다.

키득 키득

우헤헤

푸하하

깔깔

웃어라

내가 소중하고, 나에게 주어진 삶이 소중하며
내 자신을 지키고, 내 삶을 지키겠다고 마음을 먹었다면
이제부터는 의식적으로라도 웃기를 연습하십시오.
일부러 웃는 억지웃음도
자연스러운 웃음과 같은 효과를 낸다고 합니다.
그러니 하루에 한 번 거울 앞에 서서 미소를 짓거나
소리 내어 크게 웃어보십시오.
때때로 가족, 친구들과 개그 프로나 코믹 영화를 보며
함께 낄낄거리십시오.
함께 웃으면 웃음의 힘은 더욱 강력해집니다.

체면? 따지지 마십시오.
체면 좀 구기면 어떻습니까?
사실 체면을 구기고 벗어던졌을 때
웃음은 더욱 살아납니다.

늘 긴장하고 스트레스 받고 있는 우리 마음에
지금 필요한 건 웃음입니다.
웃음은 긴장된 마음을 풀어주고
어떠한 무거운 상황도 가볍게 풀어갈 수 있게 만들어주는
놀라운 긍정의 힘입니다.

행복이
뭐 별건가요?

그냥 웃으며 사는 거죠

하하하

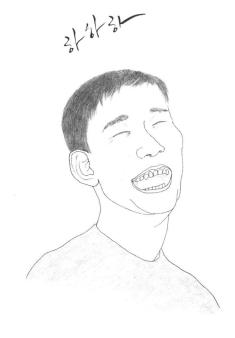

감성치유 4코스

해소

마음의 독성 털어내기

흘려보내지 못한 채 마음속에 쌓여 있는 부정적인 감정들은
독한 기운을 만들어 몸과 마음을 헤집고 다니며
자기 자신과 다른 사람에게 상처를 주고
삶을 휘청거리게 합니다.
마음의 독성이 된 감정들을 흘려보낼 때
마음속의 분노도 조금씩 수그러들고
미움도 조금씩 사라지며
슬픔도 고통도 서서히 지나가기 시작할 것입니다.

내 마음 상태 알아채기

살면서 알게 모르게 마음속에 쌓인
마음의 독성을 털어내기 위해
가장 먼저 해야 할 일은 내 마음의 소리를 듣고
내 마음이 무엇을 말하는지 알아차리는 것입니다.

우리는 살아가면서
불안, 우울, 슬픔, 분노 등과 같은 부정적인 감정에서
즐거움, 기쁨, 성취감 등과 같은 긍정적인 감정에 이르기까지
수많은 감정들을 느끼고 경험합니다.
물론 감정이 느껴지는 순간, 이 감정의 정체가 무엇인지
지금 내 마음은 무엇을 말하고 있고
어떤 상태인지 알아차리는 경우도 있습니다.
그렇지만 뭔가 답답하고 복잡한 심경인데
무슨 감정인지 감을 잡을 수 없고
내 마음이 무엇을 원하는지
내 마음의 소리를 들을 수 없을 때가 많습니다.

내 마음을 아세요?

잘 모르겠어요

특히 어린 시절부터 자연스럽게 감정을 드러내지 못하고
묻어버리고 덮어버리고 지내왔다면
내 마음의 소리를 듣지 못하고
내 마음을 알아차리지 못할 가능성이 큽니다.
왜냐하면 감정이라는 것이
자연스럽게 표현하는 가운데
그 감정의 실체를 알아가고
어떻게 대처해야 하는지도 터득해가기 마련인데,
감정을 표현할 수 있는 기회를 갖지 못했다면
자신이 느끼는 감정의 실체가 무엇인지 파악하는 것도
그러한 감정에 어떻게 대처해야 하는지도
모를 수 있기 때문입니다.

요즘에는 그 원인이 무엇이든
자신의 마음의 소리를 듣지 못해서
자신의 솔직한 마음을 알아차리지도 못하고
드러내지도 못한 채 살아가는 사람들이 많습니다.
그렇게 자신이 원하는 것이 무엇인지 마음의 방향도 모르고
자기 확신이라는 것이 없기에 갈팡질팡 우왕좌왕하며
자기 자신을 잃고 흔들리며 살아가는 모습들을 보게 됩니다.

내가
정말 원하는 것이
무엇인지
잘 모르겠어요

저도 그랬습니다.
성격도 내성적인데다가
편안하게 마음을 표현할 수 없는 집안 분위기에서 성장하다보니
속내를 드러내지 않는 것이 더 익숙한 상태였습니다.
그런데 대학에 들어간 후부터는
뭔가 마음이 답답하고 복잡하고 불편한데
왜 그러는지는 모르겠고
모든 일에 점점 자신이 없어지고
혼란스러운 상태가 계속되었습니다.

가슴이 답답해요

안 괜찮아...

바로 그 즈음에 사진 찍기를 시작했던 것 같습니다.
뭐라도 하지 않으면 마음이 폭발해버릴 것 같은 심정에
무작정 카메라를 들고 셔터를 눌러대기 시작했습니다.
마음이 가는 대로 사진을 찍었으나
찍고 나서 살펴보면 사진의 주제는 언제나 '나'였습니다.
어린 시절의 나, 사춘기의 나, 지금의 나...
그렇게 사진을 찍고, 찍은 사진을 보며 내 마음을 읽는
작업을 해나가면서 비로소 처음으로
감춰진 제 속마음을 알아차릴 수 있었습니다.

애써 담담한 척하고 적당히 묻고 지냈지만
사실 그동안 너무 힘들었고 고통스러웠던 거였습니다.
사진을 통해 어린 시절부터 사춘기를 거쳐 어른이 되기까지
내면의 불안, 외로움, 절망, 갈등을 읽어내면서
내 마음이 무엇을 말하는지... 내 마음 상태가 어떤지...
내 진짜 마음과 진짜 모습에 접근해갈 수 있었습니다.

사실,
너무 힘들었어요...

감성치유워크숍 '마이스토리' 작업을 진행하다보면
연령과 세대, 성별을 막론하고 제가 겪었던 마음 고생을
고스란히 겪고 계시는 분들을 참으로 많이 만나게 됩니다.
마음이 답답하고 불편하고 혼란스러운데
그 이유를 알 수 없다는 분들 말입니다.

그런 마음 고생으로부터 벗어나기 위해서는
제가 사진을 통해 내 마음이 무엇을 말하는지
알아차리는 기회를 가진 것처럼
먼저 자신의 마음의 소리에 귀 기울이고
내가 느끼는 감정이 무엇이고, 왜 이런 감정이 느껴지며
그래서 내가 정말 원하는 것이 무엇인지
자신의 마음을 헤아리고 알아차리는 시간부터 가져야 합니다.
내 마음을 헤아리고, 내 마음 상태가 어떤지 알아야
적절하게 대처하고 풀어갈 수 있기 때문입니다.

지금 이 순간, 가만히 자신의 마음속을 들여다보십시오.
자기 마음속 깊은 곳에서 들려오는 소리를 들어보십시오.

내 마음의 소리... 들립니까?

행복한가요? 아님 슬픈가요?
화가 나 있진 않습니까?
여러 감정이 섞여 있는 복잡한 심정인가요?

들리나요?

내 마음의 소리가...

내 마음의 소리가 잘 들리지 않을 때
어떻게 하면 내 마음의 소리를 듣고
숨어버린 내 속마음을 알아차릴 수 있을까요?

어떡하지?

나, 지쳤어

너무해

힘들어 자신없다

나는 왜 이럴까?

싫다 할걸   나를 불안케 한다

나는 두렵다

난 네가 부러워

쓸데없는 걱정

우울하다   절망적이다

외롭다   속상하고 창피한 마음

원망스럽다

부담감이 점점 커져가고...

정말 미안해   나 화났어

보고싶어
보고싶어 보고싶어   너무 밉다

아직도 그리워

무서워

감사해요   정말 고마워

본심

1. 일상에서 느끼는 감정 수시로 기록하기

일상에서 내가 느끼는 감정들을 수시로 기록하십시오.
각 상황에서 솟아나는 감정들을 솔직하게 기록해 놓으십시오.

아침에 눈을 뜰 때 기분이 어떻습니까?
학교나 일터에서 일과를 시작할 때 어떤 마음인가요?
일과를 마치고 집으로 돌아오는 심정은요?
하루를 마치고 잠자리에 누웠을 때 어떤 기분이 듭니까?

그렇게 하루, 일주일, 한 달 동안 기록해
감정의 전체적인 흐름을 파악하십시오.

감정을 다양하게 느끼고 있습니까?
가장 자주 느끼는 감정은 무엇입니까?
잘 느끼지 못하는 감정도 있습니까?
스스로 '그렇게 느끼면 안 돼!' 하고 억누르는 감정이 있나요?
내가 생각해도 과민하게 반응하는 대상이나 상황이 있습니까?
감정의 흐름상 나는 긍정적인 편입니까, 부정적인 편입니까?

이렇게 기록을 통해서
자신의 감정의 흐름과 패턴을 파악하다보면
내 마음이 무엇을 말하는지
마음의 소리를 듣고 알아차릴 수 있습니다.

2. 몸의 변화 살피기

몸의 변화에 예민해지십시오.
그때그때 느껴지는 몸의 증상들을 세밀히 살피고
몸의 변화를 감지하십시오.

얼굴에 열이 오르나요?
심장박동이 갑자기 빨라지는 때가 있습니까?
숨 쉬기가 답답해질 때는요?
속이 더부룩하고 소화가 안 될 때가 잦나요?
어떤 때에 머리가 아프거나 어지러운가요?
근육이 심하게 긴장되는 것이 느껴지는 경우는요?

몸의 증상에 따라 그때의 내 감정 상태를 관찰하고
감정이 어떻게 변하는지 살피십시오.
몸에 나타나는 증상과 변화는
마음의 실체를 밝힐 수 있는 중요한 단서입니다.

몸이 마음을 말합니다.

몸이 보내는 신호

통증

커졌다

뭉텅뭉텅 빠지는
머리카락

허리야~

두근 두근
가슴이 콩닥콩닥

습챠!

현기
증

항상 피곤

잠이 안 와

찌릿찌릿

침침한 눈

깜박깜박
오락가락

뼈 마디가 쑤셔

화끈화끈
얼굴에 열이 올라

알레르기

뒤룩뒤룩

속 쓰림

속이 거북하다

근육뭉침

입맛이...

바짝 바짝
입이 타

3. 거울 보며 얼굴 표정 살피기

아무런 생각 없이 문득 거울에 비친 내 모습을 보면
순간 놀라게 됩니다.
이렇게 어두웠나... 화난 표정이네...
준비 없이 연출 없이
일상생활 중 문득 보게 되는 내 표정에는
내 마음이 어떤 상태인지 고스란히 드러납니다.

틈틈이 거울 속 얼굴 표정을 살피면서
표정으로 드러난 내 마음을 알아차리십시오.
밝은 표정, 굳어 있는 표정, 불안한 표정...
표정을 읽으며 내 감정의 변화를 감지하십시오.
표정으로 드러나는 감정은 숨길 수 없습니다.

생활 속에서 무의식중에 드러난 표정은
내 마음 상태를 나타내는 거울입니다.
얼굴 표정을 살핌으로써
내 마음 상태가 어떤지
내 마음이 무엇을 말하는지 가늠할 수 있습니다.

화사한가요?

굳어 있나요?

불안해 보이나요?

4. 사진에 찍힌 내 모습 눈여겨보기

사진은 '찰칵' 찍히는 바로 그 순간,
찍히는 사람의 가장 진실한 모습을 미세하게 잡아냅니다.
한 달에 한 번 정도 주변 가까운 사람에게 부탁하여
일상을 살아가는 내 모습을 자연스럽게 찍어보도록 해보십시오.
이때 가능한 카메라를 의식하지 않는 것이 좋습니다.

사진 속의 내가 어떻게 느껴지나요?
부드러운가요? 경직되어 보이나요? 밝고 화사합니까?
어딘가 모르게 우울해 보입니까?

사진에 찍힌 내 모습을 보면
내 진짜 속마음을 읽을 수 있습니다.

5. 하루를 되돌아볼 자기 시간 갖기

하루의 일정과 경험을 조용히 되돌아볼 수 있는
자신만의 시간을 가지십시오.
가장 마음 편한 아늑한 장소를 선택하여 조용히 일기를 쓰거나
기도하고 명상하면서 하루를 정리하십시오.
오늘 하루 어떤 감정을 느꼈고, 왜 그렇게 느꼈는지
찬찬히 내 마음을 살피십시오.

하루하루 자기 시간을 가지면 마음의 긴장이 풀리면서
자신의 진실한 느낌과 감정에 접촉하게 되어
진짜 내 마음을 알아차릴 수 있게 됩니다.

솔직하게 인정할 것은 인정하기

친한 친구가 오랫동안 준비해온
변리사 시험에 합격했다고 연락이 왔는데
축하하는 마음도 있지만
한편으로는 질투가 나고 자꾸 신경이 쓰여요.
친구는 친구이고 나는 나인 거지.
나는 내 할 일 하며
내 인생 열심히 살면 된다는 것을 마음속에 되새기지만
자꾸 위축이 되고 마음도 불편해요.
친한 친구를 상대로 이런 감정을 느끼는 제 자신이
한심스럽고 실망스러워 마음을 추스르려고 해도
그게 잘 안 돼요.

시기하고 질투하는 마음 때문에 힘들어하는
직장생활 5년차 정애 씨의 고백입니다.

나보다 잘난 너

나보다 잘나가는 너

저도 그런 적이 있었습니다.
서른 살쯤 되었을 때 친구들이 사회에서 자리를 잡아가고
경쟁이라도 하듯 하나 둘 결혼하기 시작했습니다.
친구들을 만나면 직장에서의 승진 소식, 결혼 소식을
부지런히 알렸고 저도 축하해주곤 했습니다.
고등학교 때부터 친하게 지냈던 민정이도 집안의 소개로 만나
갑작스럽게 결혼을 하게 됐다고 결혼 소식을 알렸습니다.

신랑감은 장래가 촉망 되는 스마트한 변호사.
축하한다고 박수쳐줬지만 마음속에서 부러움을 넘어
묘한 질투심이 생기는 것이었습니다.
학창 시절부터 허물없이 얘기 나누고
서로 아까울 것이 없는 민정이에게 이런 감정을 느끼다니...
화들짝 놀라면서 무척 당황스러워했던 기억이 있습니다.

'나에게 이런 맘이 다 있네... 정말 말도 안 되는 감정인데...' 하며
머리를 흔들고 손사래를 치며
내 감정을 부정하고 싶을 때가 있습니다.

정말 말도
안 되는
감정인데...

부럽다 못해 몹시 질투가 나고 시기심을 느끼면서도...
그의 실패가 즐겁고 내심 즐기면서도...
그 앞에만 서면 작아지고 열등감을 느끼면서도...
그에게 화가 나 있고 속으로 몹시 미워하면서도...
비명을 지르고 싶을 정도로 외롭고
누군가 옆에 있으면 좋겠는데도...

그런 감정 자체가 싫고
그걸 느끼고 있는 내 자신이 싫어
내 마음속에서 느끼고 있는 그 감정 차체를
아니라고 애써 부인하거나
무시하고 억누르고 피해버립니다.

애써

아닌 척

그렇게 존재 자체를 인정받지 못한 감정은
마음속 여기저기를 떠돌다가
엉뚱한 상황에서 불쑥 솟아올라 폭발해버리곤 합니다.

외면하다

마음속에서 느껴지는 감정은
선하기도 하지만 악하기도 하고
아름답기도 하지만 추하기도 합니다.
누구든 예외가 없습니다.

그러니 그런 감정을 품고 있는 내가
무척 당황스럽고
때때로 옹졸하고 위선적이고
괜찮은 구석이라곤 하나 없는 사람처럼 느껴지더라도
그런 감정을 느끼는 나 또한 내 자신의 모습 중의 하나이니
그냥 그대로 받아들일 필요가 있습니다.

긍정적인 감정이든, 부정적인 감정이든
자신이 느끼는 모든 감정들...
그냥 그대로 인정하십시오.
된다, 안 된다 제한하지도 말고
옳다, 그르다 판단하지도 마십시오.
그저 느껴지는 그 감정에 대해
그리고 그런 감정을 느끼는 자기 자신에 대해
끄덕끄덕하면서 '그렇구나...'
'나에게 이런 면이 있었네...' 하고 받아들이십시오.

감정은 존재 자체를 인정하는 것만으로도
서서히 가라앉기 시작하며
독한 기운도 조금씩 사그라지기 시작합니다.

불편한 진실

이것도 내 모습 ...

착하지 않다

남의 실패가
즐겁다

내 안의 악마

시기하다

두 얼굴

제가 절친 민정이에게 가졌던 질투도
화들짝 놀라고 당황스러워 애써 감추려고 했을 땐
점점 더 불편해지고 감정도 커지는 것 같더니
내 안에 그런 마음이 있음을 그냥 그대로 인정하고
숨기려고 애쓰지 않고
오히려 민정이에게 "야! 네가 승진도 하고 결혼도 한다니,
좋기도 하지만 은근 질투도 나는 거 있지?"라고
대화 중에 슬쩍 드러내며 자연스럽게 터뜨려버렸을 때
감정이 조금씩 잦아들며
그 감정으로부터 자유로워질 수 있었습니다.

이렇듯 내 안에 분명히 있지만
인정하고 싶지 않은 감정을 알아차리고
내게 그런 감정이 있음을 솔직하게 인정하고
그런 내 모습을 받아들였을 때
억눌렸던 감정이 조금씩 풀어지면서
감정이 서서히 잦아들기 시작합니다.

그 존재를
인정하는 것만으로도...

감정은 그 존재 자체를 인정해주는 것만으로도
그 독성이 조금씩 약해지고
그 기세 또한 한풀 꺾이기 시작하는 것입니다.

솔직하게 인정해야 할
당신의 마음속 감정은 무엇입니까?

샘이나

확 떨어져라!

이쁜 것들은
다 묻어버리고 싶다!

질투심

사촌이
땅을 사면
배 아프다

안 될 것 없잖아?

흔들리는 마음

부담스러운 존재

버리고 싶어

사랑하지만
벗어나고 싶다

열등감

그 앞에서
나는
왜 작아지는가

꼴 좋다!

내심 즐겼다

없어졌으면 좋겠어

네가 싫다

마음을 표현하며 고인 감정 흘려보내기

내 마음을 알아차리고
내게 그런 마음이 있음을 인정했다면
내 마음을 조금씩 표현해가면서 감정을 흘려보내십시오.
고여 있던 감정이 흘러가기 시작하면
마음의 독성도 서서히 빠지기 시작할 것입니다.

마음을 표현한다는 것이
어쩐지 어렵게 느껴지고 부담스러울 때가 많습니다.
어린 시절부터 감정을 편하게
드러낼 수 없는 분위기에서 자라다 보니...
감정을 함부로 드러내지 않는 것이 예의라고 하니까...
괜히 감정을 드러내어 나만 놀림 받고 상처 받을까봐...
기쁨이든 슬픔이든 분노든
마음을 솔직하게 드러내지 않는 것에 익숙해져서
마음을 표현하는 것이 어색하고 두려운 것이 사실입니다.

이 집에서
눈물은 안 된다

얼레꼴레

놀림 받을까봐

그래서 '너무 속내를 내보이는 게 아닌가...'
'기분 나쁘게 생각하면 어쩌지...'
'괜히 관계만 더 어긋날 수도 있어...'
'에이, 좋은 게 좋은 거지 뭐...' 하며
솔직한 감정, 내가 진짜 원하는 바를 표현하지 못한 채
가슴 속에 고이고이 묻어둘 때가 많습니다.

묻는 것은 없어지는 것이 아니라
가슴 속에 쌓이는 것입니다.
가슴 속에 묻어두면 감정은 흘러가지 못합니다.
흘러가지 못한 채 쌓인 감정은
독한 기운을 만들어
내 자신을, 다른 사람과의 관계를, 내 인생 전체를
피폐하게 만들고 망가뜨릴 수 있습니다.

야금야금   점점 쌓여가다   쌓인 게 많아

지금부터라도
마음을 표현해가면서 감정을 흘려보내야 합니다.
진정한 내 목소리를 내며
내 마음의 진심을 얘기해야 합니다.
내가 어떻게 느끼는지...
내가 무엇을 원하는지...
표현하십시오.
나를 표현할 수 있는 사람은 오직 내 자신뿐입니다.

마음을 표현하는 데에는
감정을 발산시킬 수 있는 특정 활동을 하거나
제삼자에게 마음을 털어놓는 것과 같은 간접적인 방식과
나와 감정적으로 얽혀 있는 당사자에게
마음을 털어놓는 직접적인 방식이 있습니다.

1. 활동으로 마음 표현하기

마음이 의기소침해지거나, 화가 나고 스트레스 쌓일 때
저는 목표도 방향도 없이 발길 닿는 대로
무조건 걷습니다.
저에게 있어서 걷기는 감정을 발산시켜
감정이 마음속에 쌓이지 않고 흘러가게 해주는
마음의 표현 활동입니다.

감정을 흘러가게 할 수 있는
자기만의 활동을 찾을 필요가 있습니다.
고래고래 노래를 부르거나, 지치도록 운동을 하거나,
흙을 주물러 그릇을 만들거나, 요리를 하거나,
꽃밭을 가꾸거나, 개와 고양이를 돌보는 것과 같이
몰입할 수 있고, 감정을 발산시킬 수 있으며
스스로에게 위로가 되고 마음의 안정을 찾아가게 해주는
활동이면 무엇이든 좋습니다.

고래고래~
노래하다

춤을 춰요

개가 주는 위안

나는 요리한다

지치도록 운동

숲으로 가다

2. 제삼자와 대화하기

마음을 표현할 수 있는 두 번째 방법은
감정적으로 얽혀 있지 않은 제삼자에게
내 솔직한 심정을 털어놓는 것입니다.

"내 속 썩는 건 아무도 모를 거야!"
"자식노릇하기 진짜 힘들어."
"엄마노릇 그만두고 싶다."
"싸가지 없는 그 놈!"과 같이
있는 그대로의 마음을
솔직하게 털어놓는 것이 좋습니다.
그래야 대화를 하는 중에 감정이 자연스럽게 흘러가
분노도 서서히 가라앉고, 미움도 조금씩 사라지며
고통도 지나갈 수 있기 때문입니다.

제삼자와 대화를 하는 데 있어서
나만 일방적으로 털어놓을 것이 아니라
상대방도 자신의 이야기를 털어놓으며
서로에게 멘토가 되어주는 것이 중요합니다.
그래야 일회성 만남으로 끝나는 것이 아니라
서로의 멘토로서 관계가 계속될 수 있고
지속적으로 만나서 감정을 털어내는 시간을
이어갈 수 있기 때문입니다.

나 너무 속상해...

털놓고
얘기해요!

3. 당사자와 대화하기

마음을 표현할 수 있는 세 번째 방법은
감정적으로 얽혀 있는 당사자에게 직접
내 솔직한 심정을 털어놓는 것입니다.

활동을 통해서도, 제삼자와의 대화를 통해서도
여전히 마음이 답답하고 불편하다면
당사자와의 대화를 시도해보는 것도 좋습니다.
아주 오래된 과거의 일에 대해 얘기를 하든
최근의 여러 상황 속에서 쌓인 감정을 표현하든
그러나 당사자에게 마음을 표현하기 전에 염두에 둘 점은
대화를 시도하기 전에 활동이나 제삼자와의 대화라는
간접적인 방식으로 감정을 먼저 흘려보내고
마음을 어느 정도 가라앉힌 다음에
당사자와의 대화를 시도하는 것이 무리가 없다는 점입니다.
최소한의 마음의 안정도 찾지 못한 채
당사자와의 대화를 시도하게 되면 대화가 감정적으로 흘러가
대화 자체가 제대로 이어지지 않을 가능성이 크기 때문입니다.

더불어 얘기를 시도하는 때와 상황,
그리고 상대방의 상태를 어느 정도 살핀 후에
적절한 시점에 기회를 잡아 얘기를 꺼내는 것이 좋습니다.
상대방은 전혀 모르고 생각지도 않는데
자기 감정에 겨워 사랑을 고백했을 경우
상대방은 당황스러워하고 마음은 받아들여지지 않은 채
서로의 관계가 오히려 더 어색해지는 것과 같은

타이밍을
포착하라

상황이 될 수도 있기 때문입니다.
관계를 이대로 끝낼 수도 있다는 각오라면
이러저러한 고려를 할 필요 없이 바로 대화를 시도할 수 있으나
계속해서 만나야 하고, 관계를 이어가야 하는 상황이라면
상대방의 상태와 상황을 고려하여
적절한 시점을 선택해서 얘기를 시도하는 것이 좋습니다.

더불어 얘기를 시작하고 마음을 표현해나갈 때 주의해야 할 점은
"저도 힘드네요..."
"너무 속상합니다..."
"얼마나 걱정했는지 아세요?"와 같이
자신의 감정을 중심으로 표현해야 한다는 것입니다.
"당신, 이 정도 밖에 안돼?"
"당신은 항상 결심만 해."
"너 때문에 못 살아."
"너 생각이 몇 살이니?"와 같이
얘기의 초점을 상대방에 맞출 경우
상대방을 평가하고 판단하는 쪽으로 흐르게 되어
그 사람의 감정을 건드릴 수 있기 때문입니다.

마음을 얘기해!

그리고 이러저러한 상황을 충분히 고려하고 고심한 끝에
자기 마음을 무례하지 않게 표현했다면
자신의 마음을 표현한 것에 대한 사람들의 반응에
지나치게 마음 쓰지 마십시오.
어떤 식으로 반응하든 그것은 그들의 문제입니다.

내 마음을 표현하는 것은 살아오는 동안
자신도 모르게 마음에 쌓여 있던 감정들을 흘려보내
마음의 독한 기운을 털어내고
홀가분하고 건강하게 살아갈 수 있도록 해줍니다.
또한 그때그때 경험하는 감정들을
솔직하게 드러낼 수 있게 되어
독한 기운이 쌓이지 않고
가볍고 건강하게 살아갈 수 있도록 만들어줍니다.

자기 표현의 힘

니 생각을 말해~

니 마음을 말해~

속이 후련해질거야!

마음에 독성이 쌓이지 않게 하기

인생에서 기쁘고 즐겁고 행복한 날보다는
절망과 고통 속에서 보내는 날이 더 많다고 합니다.
그런 절망과 고통의 시간 속에서
불안, 우울, 슬픔, 분노 등과 같은
부정적인 감정들을 느끼는 것은 당연한 것이고
그 또한 우리네 삶의 본질이겠지만
그러한 부정적인 감정들이 마음속에서 자리를 잡고
뿌리를 내려 독성을 뿜어내지 않도록 각별히 조심해야 합니다.

어려운 상황 속에서 무거운 문제들을 자양분 삼아
뿌리를 깊게 내리고 쑥쑥 자라기 전에
싹부터 잘라버려야 합니다.
그래야만 나중에 부정적인 감정의 덫에
걸려들지 않기 때문입니다.

뿌리를 내리기 전에
싹둑!

일상에서 씨름하는 감정적인 문제들이 있습니까?
가능한 그때그때 털어버리십시오.
불안, 우울, 슬픔, 분노와 같은 부정적인 감정들을
마음에 오래 담아두지 마십시오.
그 길만이 나를 보호하고, 다른 사람을 보호하고,
내 삶을 보호하는 길입니다.

그렇다면 마음에 독성이 쌓이지 않게
일상에서 감정을 자연스럽게 흘려보내는 방법은 무엇일까요?

1. '필요합니다' '원합니다' 확실히 밝히기

내가 원하는 바가 무엇인지, 필요한 것이 무엇인지
분명하게 표현하는 연습을 하십시오.
"20년이나 같이 살았는데 그걸 꼭 말로 해야 합니까?
척하고 알아차려야지."라고 얘기하는 중년 부부들이 많습니다.
분명하게 표현하지 않으면서
알아주지 않는다고 서운해하고 분노합니다.
표현하지 않으면 알 수 없는 것입니다.
빙빙 돌리지도 뒤틀지도 말고 확실하게 밝히십시오.

"난 그게 갖고 싶어."
"나에게도 위로가 필요해."
"나도 혼자만의 시간이 필요해."
"믿고 기다려줬으면 좋겠어요..."
이렇게 내가 정말 원하는 바를 밝혀야
다른 사람이 내 마음을 정확하게 알 수 있는 것이고
내가 원하거나 필요한 것도 얻을 수 있는 것입니다.

내가 원하거나 필요한 것이 무엇인지 확실히 밝히는 것은
내 마음의 소리를 진실하게 표현하는 것이고
감정이 쌓이는 것을 막아
자신을 자유롭게 하는 길인 것입니다.

갖고 싶어요!

벗어나고 싶어!

난 항상
니가 필요해

2. '좋아합니다' '싫어합니다' 표현하기

사실 우리는 좋고 싫음을
분명하게 표현하는 것에 대한 부담이 있습니다.
'이기적인 사람으로 비춰지는 건 아닐까...'
'너무 강하게 보이면 어쩌지...'
'괜히 기분 상하게 하는 건 아닌지...' 염려가 됩니다.
그래서 솔직한 마음을 드러내지 않은 채
'아무거나 괜찮습니다' '저는 상관없습니다'와 같이
분위기와 상황에 따라가는 경우가 많습니다.

중요한 것은 내 마음을 고려하지 않고
계속해서 분위기에 묻혀갈 경우
속으로 나도 모르게 욕구불만이 커지게 되고
야금야금 감정이 쌓여가게 된다는 것입니다.

특히 좋고 싫은 감정을 표현하지 못할 경우
나중에는 내가 무엇을 좋아하는 사람인지...
무엇을 싫어하는 사람인지... 알 수 없게 되어
정체성의 혼란에 빠지고
점점 자신감을 잃어갈 수 있으므로 조심해야 합니다.
'아무거나 괜찮습니다'와
'저는 원래 한식을 좋아하는데 모든 사람의 의견이 중식이라면
오늘은 저도 중식을 먹겠습니다'와 같은 표현은 시간이 갈수록   뿅짝 좋아
자신의 정체성을 인식하고
자신의 의사를 얘기해서 조율해가는 데 있어   그게 더 좋아
확연한 차이를 낳게 되는 것입니다.

네가 있어 좋아

110

더불어 싫다는 마음을 너무 거부감이 들지 않게
표현하는 것에 대해서도 신경 쓸 필요가 있습니다.
때때로 싫다고 딱 잘라서 강하게 표현하는 사람을 대할 때면
머리로는 인정하면서도 마음은 상할 때가 자주 있습니다.
"좀 어렵겠네요..."
"힘들 것 같습니다..."
"당황스럽네요..."
"부담스럽습니다..."
이와 같이 싫다는 의사를 최대한 상대방의 마음이 상하지 않게
표현하는 것에도 마음을 써야 합니다.

곤란합니다...   어렵겠네요...

여러 번 '아니오'라고 직간접적으로 마음을 표현했는데도
내 의사를 존중해주지 않고 번번이 무시한다면
그럴 경우는 딱 잘라서 싫다고
강하게 말할 필요도 있습니다.

싫어!

일상에서 '좋아합니다' '싫어합니다'를 분명히 밝히십시오.
솔직하게 의사를 표현하십시오.
그러면 불필요한 분노가 마음속에 쌓이는 일도
정체성이 흔들려 혼란스러운 일도 없을 것입니다.

3. 거절해야 할 때는 확실하게 거절하기

부탁 받은 일, 거절하기 참 힘듭니다.
속마음은 영 아닌데
차마 '아니오'라 말하지 못해 얼떨결에 승낙하고
나중에 후회하곤 합니다.
거절 못하는 나, 분명 문제 있습니다.

누구나 다른 사람들의 호감을 얻거나 인정을 받기 위해
좋은 사람, 너그러운 사람, 능력 있는 사람
완벽한 사람이 되려는 마음이 있습니다.
그래서 때때로 사람 사이의 경계를 고려치 않은
무례한 부탁까지 들어주고는
두고두고 후회하는 골치 아픈 일을 벌이기도 합니다.

어쩐지 흔쾌히 받아들여지지 않는 부탁은
곧바로 수락하지 마십시오.
조금 더 시간을 갖고
내가 그 부탁을 들어주고 싶은 마음이 정말 있는지...
내가 그 부탁을 들어줄 수 있는 상황이 정말 되는지...
자기 자신에게 진지하게 묻고
내 마음의 소리에 귀를 기울인 후 결정해도 늦지 않습니다.

우물쭈물

얼떨결에

싫다고 말할 걸

처음부터 말할 걸

내 자신에게 진지하게 묻고 고민한 후에도
부탁에 응하고 싶은 마음이 끝까지 들지 않는다면
말 꺼내기가 영 불편하고 분위기가 껄끄러워지더라도
'아니오'라고 거절하십시오.

거절은 당장은 다소 불편하고 껄끄럽더라도
자신을 지키고, 사람 사이의 관계를 지키는 길입니다

이제 더 이상 거절하기를 두려워하지도 피하지도 마십시오.
내 마음의 소리를 들으며 진지하게 고민하고
단호하게 '예'와 '아니오'를 말할 수 있을 때
외적인 상황에 떠밀려 승낙해버린 데서 오는
후회, 불만, 실망, 짜증, 분노와 같은
부정적인 감정이 생기는 것을 미리 막아
마음의 독성이 생기고 자리 잡는 것을 방지할 수 있습니다.

우물쭈물하지 말고

단호하게 말해요

No!

사회적 트라우마에 대한 대처법

직접 사건을 겪은 당사자는 아니지만
뉴스만 봐도 하염없이 눈물이 날 때가 많았어요...
남의 일 같지가 않더라고요...
그때부터 지금까지 깊은 잠을 잘 못 자요...
자다가도 벌떡벌떡 일어날 때가 많고...
항상 왠지 가슴이 답답하고 불안해요...
일도 잘 손에 잡히질 않고
'이런 세상 살아서 뭐하나...
이렇게 살아서 뭐하나...' 하는 생각만 듭니다.

살아가면서 우리는 사회적 트라우마가 될 수 있는
여러 충격적인 사건 사고에 직면할 때가 많습니다.
TV, 신문, 인터넷을 통해 이러한 사건 사고를 지켜보면서
직접적으로 관련된 사람이 아니더라도
이 사회구성원으로서 충격 속에서
슬퍼하고 가슴 아파하고 분노하고
비통함에 잠길 때가 많습니다.

대형 재난재해, 화재, 교통사고 등과 같은
엄청난 상황 속에서
같이 슬퍼하고 같아 아파하고
같이 분노하고 같이 침울해지는 것은
감정을 함께 공감하는 데서 오는
지극히 정상적인 반응일 것입니다.

충격이다...

믿을 수 없다...

너무
가슴이 아프다...

이런 세상 살아서
뭐하나

그렇지만 이러한 부정적인 감정들이
한 달 이상 지속되면서
삶의 집중력과 의욕을 떨어뜨리고
일상생활에 지장을 줄 정도로 무기력하고
우울한 상태가 계속된다면 조심해야 합니다.

특히 이전부터 우울증을 앓고 있는 경우,
사회적 우울 상태에 직접적으로 영향을 받아
더욱 불안하고 심하게 죄책감을 느끼고
우울과 무기력 상태가 계속되는
심리적 고통을 느끼기 쉬우므로
감정적으로 매몰되어 삶이 흔들리지 않도록
자신의 마음을 살펴
상태에 따라 TV나 언론매체와 거리를 두고
햇볕 아래서 하루 30분 이상 산책하고 깊은 호흡을 하면서
마음의 컨디션을 조절해가는 것이 무엇보다도 중요합니다.

사회적인 우울 상태가
개인적인 우울증 무력증을 유발시킬 수도 있고
더욱 악화시킬 수도 있기 때문입니다.

그 상처에
머물지 마!

사실 충격적인 사고 앞에서
사회공동체의 구성원들이 같이 슬퍼하고 같이 아파하며
감정적인 공감을 함께 나누고
위로를 주고받는 시간은 분명 필요합니다.
그리고 그런 과정에서 일정 기간
사회적인 우울 상태가 지속되는 것은
어쩌면 당연할 수도 있습니다.
문제는 그러한 사회적 우울 상태에 매몰되어
우리도 우리 사회도 의욕과 활력을 잃고
무기력해지는 데 있습니다.

그렇기 때문에 어떤 충격적인 사고로 인해
사회 전체적으로 우울 상태에 빠져 있을 때
슬픔을 함께 나누되
사회적 우울로 인해 개인까지 우울과 무기력에 빠져들지 않도록
내 마음의 건강을 지키고,
앞으로 우리 사회가 그런 사고를 최대한 예방하고
잘 대처해가기 위한 방법들에 대해 함께 고민하고,
작지만 지금 자기 자리에서 할 수 있는 일들을 찾아내어
실천해가는 것이 필요합니다.

자원봉사든, 기부든, 어떤 지원활동이든
사회적인 상처를 치유하기 위한 작은 실천과 더불어
내 마음의 컨디션을 조절하고
마음의 안정을 찾아갈 수 있도록
주변 사람들과 서로의 심정을 나누는 솔직한 대화를 하거나
있는 그대로의 감정을 쏟아낼 수 있는 일기를 쓰는 것도
사회적 트라우마로부터 마음을 보호할 수 있는
좋은 방법들 중의 하나입니다.

감성치유 5코스
조절

내 뜻대로 마음 다스리기

내 뜻대로 안 되는 내 마음
특히 생활하면서 경험하게 되는 많은 감정 중에서
분노, 스트레스, 우울감 등과 같이
자주 씨름하게 되는 부정적인 감정으로부터
나와 다른 사람을 지킬 수 있는 방법에 대해 얘기합니다.
이 장에서 제시한 방법에 따라
내 마음의 소리를 적절하게 표현하며 감정을 발산해갈 때
어둡고 무거웠던 마음이
조금씩 가벼워지고 자유로워짐을 느낄 수 있을 것입니다.

넌 문제야

생각이
몇살이니?

니가 알아?

니가 지겨워

이 정도 밖에 안돼?

아무짝에 쓸모 없어

내가
그럴 줄 알았어

너때문에
못 살아!

보기 싫어!

분노 다스리기

"왜 이렇게 화가 나는지 모르겠어요.
사소한 일에도 발끈 화를 내게 되고
한번 화를 내면 걷잡을 수 없는 분노가 치밀어올라와요.
그렇게 화를 낼 상황이 아니라는 걸 저도 알지만
통제가 안돼요..."

요즘 들어 부쩍 분노의 감정을 제어하지 못해
고민하는 분들을 자주 만나게 됩니다.
대부분 툭 하면 화가 나고
한번 화가 나면 자신도 모르게 소리를 고래고래 지르고
아무 말이나 막 쏟아내며 폭발하게 된다는 것입니다.

분노는 일상에서 자주 경험하는 감정이지만
좀처럼 다스리기 힘든 두려운 감정이기도 합니다.

선불리 표현하자니 후회가 남을 수 있고
그렇다고 무조건 참자니 울화가 쌓여
화병이 될 수도 있기 때문입니다.
특히 감정 대로 무조건 폭발해버렸을 경우
잠깐은 속이 후련하지만
점점 마음이 메마르고 황폐해져서
결국 마음의 여유와 행복감을 잃어버리는
불행을 초래할 수 있으므로 조심해야 합니다.

버럭!

나는 너무 화가 많다

사람은 누구나 존중 받기를 원합니다.
자신의 몸과 마음을, 자신의 영역과 생활을
그리고 '나'라는 존재를 존중 받고 지키고 싶어합니다.
그렇기에 신체에 위협을 당하거나
자신의 시간과 공간, 자신의 영역과 생활을 침해 당한 경우
인격적으로 모욕을 당하고 무시 받은 경우
화를 내고 분노하게 됩니다.

그렇기에 분노는 때때로 자신의 의사를 확실하게 표현하여
스스로를 지켜내는 수단이 되기도 합니다.
분노를 통해 주변 사람들에게
자신의 의견을 확실히 전달할 수 있고
상황을 개선시킬 수 있는 계기를 만들 수도 있기 때문입니다.

만만히 보지 마!

함부로 하지 마!

그런데 문제는 이런 정당한 분노가 아니라
지나치게 자주 습관적으로 화가 나고
사안에 비해 너무 격분한다는 데 있는 것입니다.

분노의 감정, 적절하게 표현하며 풀어내야 합니다.
마음속에 쌓지 말고 그때그때 털어버려야 합니다.

여기서 우리가 기억해야 할 것은
'분노의 표현'과 '분노의 폭발'은 다르다는 것입니다.
스스로 분노를 제어하면서 상황을 주도해나가는 것은
'분노의 표현'입니다.
이에 반해 분노의 감정에 이끌려 통제력을 잃고
상황에 휘둘리는 것은 '분노의 폭발'인 것입니다.

앞뒤 상황을 가리지 못하고, 자신의 감정에만 충실한 채
충동적으로 분노를 터뜨리는 분노의 폭발은
자기 자신을 다치게 하고, 다른 사람을 다치게 할 뿐
아무 것도 해결해주지 못합니다.
그러니 분노의 폭발은 자제하고
분노의 표현을 연습하십시오.

분노를 제대로 표현하려면
먼저 자신의 마음 상태를 인식하여
화가 난 이유를 스스로 알아차리고
언제 어떤 방법으로 화난 감정을 표현할지를
자신이 주도적으로 선택할 줄 알아야 합니다.
왜 화가 나는지 그 이유를 모르고
언제 참아야 하고, 언제 표현해야 할지
타이밍을 가늠할 줄 모르며
지금 상황에서 자신이 화가 났음을 표현할 수 있는
적절한 방법을 선택할 줄 모른다면
결국 분노에 휘둘려
대책 없이 폭발하게 될 수 있기 때문입니다.

부글부글
지글지글
보글보글

분노를 효과적으로 표현하면서
다스릴 수 있는 힘을 키우기 위해서는
마음속에 화가 감지되기 시작할 때부터
바로 조절해가는 것이 중요합니다.
부글부글 분노가 치밀어오르고
목소리가 떨린다면 이미 늦은 것입니다.
마음속에서 보글보글 감지되기 시작할 때부터
더 이상 커지지 않게 대처할 필요가 있습니다.

만약에 제어가 잘 안 될 정도로
분노가 치밀어 오른 상황까지 갔다면
마음속으로 무조건 하나부터 다섯까지 세면서
치밀어오른 그 순간을 넘기십시오.
즉각적으로 응수하지 말고
화가 나게 만든 대상과 상황으로부터
무조건 떨어져 다른 장소로 이동하십시오.
그곳에서 천천히 깊게 다섯 번 정도 심호흡을 하며
먼저 흥분을 가라앉히십시오.
화가 치밀어오르는 순간, 그대로 멈춘 상태로
마음의 평정을 찾아가는 것이 무엇보다 중요합니다.

그리고 나서 자기 감정을 마치 영화의 한 장면을 보듯
한 발짝 떨어져 객관적인 시각으로 바라보며
왜 이렇게 화가 나는지 잠잠히 근본 원인을 찾고
어떻게 반응하고 대처할 것인지를 결정하십시오.

뚜껑 열리기 직전

10초만 참아!

그 자리를 벗어나!

분노에 대처하는 시간을 가질 때
글을 쓰면서 마음을 정리해가는 것이 효과적입니다.
억울하고 분통 터지는 일을 기록하는 것만으로도
감정이 조금씩 가라앉기 시작하고
'별 것 아닌 일에 화냈네...' 하며 여유를 찾게 되어
어떻게 대처하는 것이 무리가 없고 적절할지
판단할 수 있게 해주기 때문입니다.

더불어 기억해야 할 점은
분노의 마음을 표현하기로 결정했다면
속이 상하고 화가 난 감정을
있는 그대로 전하는 것이 무엇보다 중요하다는 것입니다.
앞서 마음을 표현하는 데 있어
상대방에 초점을 맞추는 것이 아니라
내 마음을 얘기하는 것에 초점을 맞추라고 한 것처럼
분노의 마음을 표현할 때에도
상대방에 초점을 맞춰 얘기를 하게 되면
그를 비난하고 그를 부정하는 방향으로 흐르게 되니
상대방의 말과 행동이 나에게 어떤 감정을 느끼게 했는지에
초점을 두고 얘기하십시오.

예를 들어 "너는 왜 그 모양이니?"
"넌 항상 그렇게 얘기 하더라."가 아니라
"그렇게 얘기하니 속이 상합니다." "당황스럽네요."와 같이
'너'가 아니라 '나'를 중심으로
내 마음을 담담하게 표현해야 합니다.

분노를 제대로 표현하고 다스리는 것은
자기와의 치열한 싸움의 과정입니다.

처음에는 번번이 실패하여
불쑥불쑥 버럭버럭 화내고
표현도 매끄럽게 해내지 못하더라도
딱 세 번만 위의 방법으로 분노를 자각하고 대처해보십시오.
다소 완벽하지 않더라도 세 번을 시도했으면
첫 번째 관문은 넘은 셈입니다.

자연스러워질 때까지 연습하고 또 연습하십시오.
경험이 조금씩 쌓여가면서
분노를 자연스럽게 표현하고 다스릴 수 있는
내공이 조금씩 쌓여가는 것을 느낄 수 있을 것입니다.

우울의 늪에서 빠져나오기

몸도 마음도 무겁고 피곤하다고요?
의욕도 기력도 없이 만사가 귀찮기만 하다고요?
이제까지 뭐하고 살았나 하는 생각만 들고 한없이 공허해지고 자꾸 눈물이 난다고요?
왜 이렇게 살아야 하나? 왜 사나? 이런 생각에 빠져들면서
더 이상 살기 싫다는 생각도 불쑥불쑥 든다고요?

왠지 시무룩

우울하시네요...

우울합니다

언제부터 이런 증상이 시작되었나요?
특별한 계기가 있었나요?

우울한 감정은 상실감에서 시작됩니다.
소중한 사람과의 이별이나 해고, 퇴직, 사업의 실패 등과 같이
자신을 지켜준다고 생각했던 버팀목을 잃어버렸을 때
우울감을 느낍니다.

전부를
잃었습니다

하지만 요즘은 우울감의 원인이 좀 더 다양해졌습니다.
불안정한 경제 상황으로 미래가 불확실해서,
직장을 구하지 못한 실직 상태가 오랜 기간 지속되어서,
이런저런 압박감에 스트레스를 받다가,
극도의 우울감에 시달리는 경우가 많아졌습니다.

때로는 겉으로 드러나는 특별한 이유는 없는데
자기 안에 오랫동안 자리 잡고 있는
낮은 자존감이나 심한 열등감이 원인인 경우도 있습니다.

지금까지 저도 여러 차례 우울의 터널을 지났습니다.
스무 살에 처음 찾아온 우울은
어린 시절부터 아슬아슬한 집안 분위기에
몸도 마음도 지칠 대로 지쳐

우울의 늪에 빠져들다

지독한 무기력증의 형태로 나타났고,
사회생활을 하면서 찾아온 우울은
이상과 현실의 괴리감을 심하게 느끼는 가운데 시작됐습니다.
30대의 우울은 시도하고 또 시도했지만 계속되는 좌절 속에서 찾아왔고,
40대의 우울은 어머니를 하늘나라로 떠나보내며 느꼈던
미안함과 후회 속에서 시작됐습니다.

사실 살면서 기쁘고 즐거운 일보다는
슬프고 절망스러운 일을 더 많이 경험하기에
인생의 힘든 여정 속에서
우울한 감정을 느끼는 것은 자연스러운 것이고
또 시간이 지나가면서 대부분 어느 정도는 회복됩니다.

그렇지만 문제는 우울한 감정이 시간이 지나도 회복되지 않고
오랫동안 지속되는 데 있습니다.
우울감이 2주 이상 일상 생활에 지장이 될 정도로 계속된다면
우울증이 아닌지 확인해볼 필요가 있습니다.
오랜 시간 동안 우울한 상태가 지속되어
우울증이 되어버린다면

너무 오래…

삶에 대한 의욕도 자신감도 잃어버리고
몸도 마음도 망가져버릴 수 있기 때문입니다.

산다는 것이 무의미하게 느껴지고
매일매일 해야 하는 일들이 지겹게 느껴지면서
매사에 짜증만 난다면
우울감이 삶 속에서 슬며시 고개를 들기
시작하는 것이 아닌지 경계해야 합니다.
우울감이 야금야금 마음속에서 자리를 잡기 시작해
깊은 우울증으로 발전하기 전에 털어버려야 합니다.

저도 처음에는 시간이 지나면 저절로 괜찮아질 줄 알았습니다.
그렇지만 여러 번의 우울 터널을 지나면서 깨닫게 된 것은
내 자신이 유전적으로나 기질적으로나
우울에 매우 취약하다는 것입니다.
그리고 시간이 지난다고 무작정 좋아지지 않는다는 것입니다.
더불어 우울은 지독한 외로움에 빠지게 하고
영혼과 삶을 송두리째 파괴하기에
의식적으로 조심해야 한다는 것입니다.

'시간이 지나면 나아지겠지' 하는 마음으로
그대로 방치하면 안 됩니다.
스스로 떨쳐내고 물리치려는 의지가 필요합니다.

그렇다면 우울한 감정, 어떻게 떨쳐버릴 수 있을까요?

1. 내가 우울하다는 사실을 인정해야 합니다

자신의 병을 알고 인정해야 치료를 시작할 수 있듯이
내 감정을 바로 알고 인정해야
그 감정을 풀 수 있는 해결책에도 접근할 수 있습니다.
내가 우울한 감정에 빠져 있음을 감지하고
자신의 상태를 그대로 인정하십시오.

시무룩하다

우울하다

괜찮지 않아

2. 스스로에 대한 기대 수준을 낮추십시오

자기 자신에 대한 기대치가 높은 사람은
우울한 감정을 경험하기 쉽습니다.
자신의 능력과 처한 환경에 비해
항상 지나치게 높은 목표를 정하기 때문에
실패를 경험하고 좌절감을 느낄 확률이 높기 때문입니다.

제가 그랬습니다.
아닌 척 했지만 사실은 제 자신에 대한 기대치가 항상 높았습니다.
늘 그렇게 과하게 정해놓고
번번이 좌절하고 절망하고 자책하고 우울해 했습니다.
우울한 감정에 자주 빠져들어
난 왜 이렇게 우울한 감정을 자주 느끼는 걸까?...
고민하는 과정에서 깨달을 수 있었습니다.
내 자신도 원인을 제공하고 있었다는 것을요.

지나치게 높은 목표를 설정하지 말고
현실성을 고려해서 목표를 정하십시오.
그렇게 목표를 정했으면 최선을 다하되
결과에 너무 연연하지 않는 것이 좋습니다.
처음부터 어떤 결과든 쿨하게 받아들여지진 않을 것입니다.
연습이 필요하고 경험이 필요합니다.
못하면 어떻습니까? 부족하면 어떻습니까?
못하면 못하는 대로, 부족하면 부족한 대로
있는 그대로의 나를 받아들이고
'괜찮다... 이만하면 됐다... 앞으로 잘 하면 되지 뭐...' 하고
스스로에게 얘기해주십시오.

못해도 괜찮아

조금 부족해도 괜찮아

3. 인생에는 내가 통제할 수 없는 부분이 있음을 인정하십시오

아무리 노력해도 안 되는 일이 있습니다.
인생에는 나의 노력과 통제를 벗어나는 부분이 분명 있는 것입니다.
이 사실을 깨닫는 데 무려 40년이 걸렸습니다.
20대에는 인생이라는 것이 노력하고 애를 쓰면 되는 줄 알았습니다.
그래서 노력하고 또 노력하고... 그러다 좌절하고...
열정이 부족한가 싶어... 다시 시도하고... 또 다시 좌절하고...
왜 이렇게 내 뜻대로 풀리지 않은 건지... 한탄하고 절망했습니다.

그러면서 깨닫게 되었습니다.
모든 일에는 때가 있는 것이고
인생이라는 것이 아무리 열정을 쏟아붓고 정성을 들여도
내 뜻대로 흘러가는 것만은 아니라는 것을요.
예전에는 '왜 이렇게 내 뜻대로 안 돼냐...'고
절망하면서 시간을 보냈다면 나이가 들면서는
'인생에는 내가 통제할 수 없는 부분이 있지...'라고 인정하게 되면서
조금은 마음의 여유를 갖게 된 느낌입니다.

그래서 지금은 잠잠히 때를 기다리면서
내가 할 수 있는 노력은 다하되
내가 어찌 할 수 없는 부분도 있으니
결과는 맡기려고 노력하고 있습니다.

노력해도
안 되는 것이
있다...

4. 다른 사람의 평가에 지나치게 신경 쓰지 마십시오

사람들과 어울려 살다보니
다른 사람들의 시선과 평가에 신경이 쓰이는 것은 사실입니다.
특히 체면을 중시하는 한국문화에서는 더욱 그렇습니다.
다른 사람의 시선과 판단에 신경을 안 쓸 수는 없겠지만
휘둘리는 것은 경계해야 합니다.
다른 사람의 나에 대한 판단은
옳을 수도 있고 옳지 않을 수도 있습니다.
다른 사람의 시선과 판단을 전적으로 받아들여
다른 사람의 시각으로 내 자신을 너무 단정하지 마십시오.
다른 사람이 나를 어떻게 생각하고 어떻게 대하든
내 본연의 가치에는 변화가 없습니다.

비판에 담담하게 …

나는 나의 그 존재만으로도
충분히 가치가 있는 사람임을 잊지 마십시오.

5. 햇빛을 쐬고 몸을 많이 움직이십시오

햇빛을 쐬고 몸을 움직이면
우울한 마음을 극복하는데 도움이 되는
신경전달물질인 세로토닌이 많이 분비된다고 합니다.
사실 우울해지는 증상은
세로토닌 수치가 떨어질 때 나타나게 되는 것이므로
한낮의 강한 햇빛은 피하고

세로토닌하라!

하루 30분 이상 햇빛을 쐬면서 몸을 움직여주는 것이
우울한 감정을 털어버릴 수 있는 좋은 방법 중의 하나입니다.

6. 혼자 노력해도 힘들 땐 다른 사람에게 도움을 요청하십시오

우울한 감정을 털어버리기 힘들 경우
다른 사람에게 도움을 요청하십시오.

힘든 일을 겪으면서 경험하는 우울한 감정은
시간이 지나면서 어느 정도 회복됩니다.
그렇지만 시간이 지났는데도 헤어나오지 못할 경우
무조건 다른 사람의 도움을 받아야 합니다.
우울한 상태로 오랜 시간을 지내게 되면
자신감과 삶에 대한 의지를 한꺼번에 잃어버리기 때문에
인생 자체가 흔들릴 수 있으니까요.

SOS!

가족이나 친구, 선후배 주변 사람들 중에서
나를 따뜻하게 받아줄 수 있는 사람에게 도움을 청하십시오.
내가 토로하는 고통에 대해 이러쿵저러쿵 말하지 않고 조용히 들어주며
이런 저런 판단하지 않고 무조건 내 편이 되어줄 수 있는 사람으로부터
따뜻한 관심과 배려를 받을 필요가 있습니다.
그 사람과 같이 대화하고 식사하고 주변을 걸으십시오.
정기적으로 함께하는 시간을 갖는다면 더욱 좋습니다.

도와주세요!

울적하고 가라앉은 기분이 계속되고
우울한 감정을 떨쳐버리기 힘들다면
전문가의 도움을 받는 것도 고려해야 합니다.
전문가의 도움을 받는 것을 두려워하지 마십시오.
병으로 발전한 우울한 감정, 우울증은
혼자서는 극복할 수 없는 병이기 때문입니다.

스트레스로부터 나를 지키기

다 때려치워!
이 정도 밖에 안 되는 거야?
생각이 있는 거냐 없는 거냐!
도대체 할 줄 아는 게 뭐야?

다혈질 성격 탓에 흥분 잘하고 폭언을 일삼는 상사 때문에
스트레스 받고 있는 직장생활 7년차 우진 씨는
사는 게 사는 게 아니라고 말합니다.
비아냥거리는 발언은 기본,
괜한 트집을 잡아 사람을 몰아세우고
사사건건 무시하고
자기 감정에 못 이겨 다짜고짜 화풀이를 해댈 때면
당장이라도 그만두고 싶은 심정이라고 합니다.
요즘 들어선 그 인간 얼굴도 보기 싫고
멀찍이서 목소리만 들려와도 심장이 두근거리고
가슴이 답답해지는 증상까지 생겼다고 합니다.

못 해 먹겠다

지옥의 나날

조용히 미치고 있다

136

참으로 스트레스 많은 세상입니다.
일에 치이고, 사람에 치여
몸도 마음도 지쳐갑니다.

적당한 스트레스는 삶에 긴장감을 주고
에너지를 집중시키는 효과가 있다지만
오랜 시간 계속되는 과도한 스트레스는
몸과 마음을 상하게 할 뿐입니다.

도대체
어쩌라는 거야!

스트레스로부터 나를 지킬 수 있는 방법은
그때그때 풀어내면서
스트레스에 대한 내성을 기르는 것입니다.

어떤 사람들은 단시간에 스트레스를 풀려고
술을 마시거나 지독히 매운 음식을 먹기도 합니다.
물론 술을 마시거나 음식을 먹는 것이 스트레스를 풀어주기도 합니다.
그렇지만 술이나 음식으로 스트레스를 푸는 것은 그때 뿐입니다.
술, 담배, 음식에 의존하지 않고
자연스럽게 감정을 발산하여, 마음의 안정을 찾아가고
긍정적인 생각을 불러일으킬 수 있는
좀 더 근본적인 스트레스 해소법을 찾을 필요가 있습니다.

그렇다면 스트레스로부터 나를 지킬 수 있는 구체적인 방법에는
어떤 것들이 있을까요?

스트레스로부터
나를 지키는 방법

1. 지금의 상황과 환경에 변화를 주십시오

내가 변화를 줄 수 있는 범위 안에서
지금 처해 있는 상황과 환경으로부터 벗어나야 합니다.
업무를 바꾸거나, 직장을 옮기거나, 직업을 바꿀 수도 있고
이사를 하거나, 잠시 여행을 다녀오는 것도 좋은 방법입니다.
상황이 여의치 않을 때는
커피 한 잔 들고 거리를 산책하며
사람 구경을 하는 것도 기분 전환에 도움이 됩니다.

바꿔!

변화를 줘!

내가 옮긴다!

2. 내가 어쩔 수 없는 것은 환경으로 받아들이십시오

내 힘으로 어쩔 수 없는 상황이라면
아예 환경으로 받아들일 줄도 알아야 합니다.

마음 같아서는 이쯤에서 당장 그만두고 싶지만
이런저런 이유로 도저히 그만둘 수도
벗어날 수도 없는 때가 있습니다.
이런 상황에서 자신의 처지가 한없이 무기력해 보여
더욱 화가 나고 스트레스가 쌓여갑니다.
마음에 불만이 그득해지고 불평이 늘어갑니다.
매일 때려치우고 싶다 노래를 부르면서도
그만두지 못하고 투덜투덜 불평 속에서 살아가는 사람은
본인도 힘들겠지만 함께하는 주변 사람들도 괴롭습니다.

하루종일

투덜투덜

환경을 바꿀 수 없다면 자신을 바꾸십시오.
내 힘으로 어쩔 수 없는 상황이라면
그 상황을 받아들이십시오.
그리고 지금 내가 왜 이 자리에 머물러야 하는지와
지금 이 시기가 내 인생에서 어떤 과정인지
스스로 해석하고 정리하여 자기 자신을 납득시키십시오.

스트레스 속에서 어쩔 수 없이 하루하루를 보내는 것이 아니라
이건 내 선택이라는 것을 스스로에게 상기시켜
능동적으로 생활할 수 있도록
자신에게 동기를 부여하는 것이 무엇보다 중요합니다.

피할 수 없다면
받아들여!

3. 스트레스를 해소할 수 있는 자신만의 방법을 찾으십시오

몸과 마음의 긴장과 피로감을 풀어줄 수 있는
나만의 활동을 찾아야 합니다.

삶에 활력을 불어넣을 수 있는
운동이나 취미생활, 자원봉사와 같은 활동을 찾으십시오.
무조건 걷기, 등산하기, 노래부르기, 춤추기, 음악 듣기,
명상하기, 심호흡하기, 목욕하기, 수다 떨기, 드라이브하기, 여행하기 등
내게 맞는 스트레스 해소법을 찾아내서
마음에 쌓아두지 말고 그때그때 풀어버리십시오.

즐기면서 하는 나만의 활동은
일상의 걱정 근심에서 벗어나
스트레스로부터 마음을 지켜줍니다.

그때그때
풀어!

음악 듣다

고래 고래
노래하다!

무조건 걸어 쭉~

때때로 여행

나만의 정원

신나게 자전거

꽃밭 가꾸기

카페에
가다

영화보러 가다

치유의
글쓰기

반신욕

발 마사지

수다 한판!

마음을 다스리는 산행

긍정의 감정을 키워 부정의 감정 몰아내기

긍정의 감정이란
기쁨, 즐거움, 감사, 감동, 행복감처럼
밝고 유쾌한 감정을 말합니다.

우리는 대부분 어른이 되면서
이런 밝고 유쾌한 감정들을 제대로 누리지 못합니다.
왜냐하면 어른이 된다는 것은 어린 시절과는 달리
감당해야 하는 주어진 역할들이 많고
모든 일에 책임을 져야한다는 부담감이 크기 때문에
항상 긴장하고 스트레스를 받기 때문입니다.
그래서 짜증, 분노, 불안, 근심, 긴장, 실망, 좌절, 우울과 같은
부정적인 감정에 빠져 있을 때가 훨씬 더 많습니다.

기쁨

따라서 어른이 된 후에 밝고 유쾌하게 살아가기 위해서는
스트레스 많고 긴장되는 삶의 환경 속에서도
기쁨, 즐거움, 감사, 감동, 행복감과 같은
긍정의 감정을 놓치지 않고 자주 느끼면서
그러한 감정을 유지할 수 있는
마음의 내공을 갖는 것이 중요합니다.
필연적으로 많은 일들을 겪게 되는 삶의 여정 속에서
얼마만큼의 마음의 여유를 갖고
긍정의 감정을 유지할 수 있느냐에 따라
삶의 질이 결정되기 때문입니다.

즐거움

감사

감동

소소한 행복

142

일상을 살아가면서
"기뻐하고 즐거워하고 감사하세요...
그러한 감정들을 자주 느끼려 하고
가능한 유지하려고 애를 쓰세요..."라고 말하면
'생활하면서 생기는 짜증과 분노, 실망과 좌절,
우울 같은 감정들을 억누르고 마냥 웃으며 살라고요?'라는
표정으로 오히려 얼굴을 찌푸립니다.

긍정의 감정을 유지한다는 것은
자신의 감정을 부정하고
스스로를 속이라는 의미가 아닙니다.
마음속에 부정적인 감정들이 솟아날 때가 많지만
그 어두운 기운에 압도되어
인생의 즐거움과 감동 그리고 행복마저
놓아버리지 말라는 것입니다.

인생의 힘겨운 여정 속에서
일상의 소소한 기쁨과 즐거움을 놓치지 않고
행복을 느낄 수 있는 감각이 있다면
기쁨과 즐거움, 감동과 행복감과 같은
긍정의 감정을 자주 경험하게 되어
부정적인 감정의 어둡고 무거운 기운을
마음속에서 서서히 밀어내고
밝고 가벼운 기운을 키워갈 수 있게 됩니다.

좋은 기분
유지하는 법

긍정의 감정을 느낄 수 있는 감각을 키우기 위해서
반드시 먼저 기억하고 마음에 되새겨야 할 것은
인생에는 오르막이 있으면 분명 내리막도 있다는 것을
인정하고 받아들이는 것입니다.
산다는 것이 기쁘고 행복할 때도 있지만
불행하고 고통스러울 때도 있다는 사실을
직시할 필요가 있습니다.

오르막과
내리막

기쁠 때는 축하하며
그 기쁨을 온전히 누려야 합니다.
고통스러울 때는 그 상황을 인정하며 받아들여야 합니다.
특히 인생의 내리막길, 밑바닥을 겪고 있을 때에는
인생은 흐름이고 이 또한 지나간다는 사실을 기억하고
절망과 자책과 우울 속에서
스스로에 대한 믿음과 자존감을 지켜내는 것이
무엇보다도 중요합니다.

이것 또한 지나가리라

고통스러운 상황 속에서
자신에 대한 믿음을 지키고 마음을 지켜냈을 때
지나간 과거에 대해 원망하고 자책하는 것이 아니라
있는 그대로 받아들이게 되고, 그리움도 갖게 됩니다.
또한 지금의 현실에 대해 불만스러워하고 불평만 하는 것이 아니라
그 안에서의 기쁨을 찾고, 소소한 일상의 행복을 누릴 수 있게 됩니다.
그리고 앞으로의 삶에 대해서도 소망을 품게 되고
기대하는 마음을 갖게 되는 것입니다.

그렇다면 어떻게 긍정의 감정을 일상에서
자주 경험하면서 키워갈 수 있을까요?

1. 지나간 일에 대해 용서하십시오

"용서하라고요?
너무 쉽게 얘기하는 거 아니에요?
제가 겪은 일을 똑같이 겪어본다면 그런 말 쉽게 못 할 거예요...
내가 감정 대로 했다면 당장 쫓아가서 죽여버렸을 거예요...
말이 쉬워 용서죠...
죽어도 용서가 안돼요... "

용서에 대한 얘기를 나눴을 때 일반적으로 보이는 반응입니다.

저 또한 '도저히 용서가 안 된다'는 말을
제대로 실감한 적이 있었습니다.
사람에 대한 실망이 쌓이고 쌓여서
엄청난 분노가 되어 있었습니다.
기다리고 참아온 세월만큼 미움도 커져 있었습니다.

본래 사람에 대한 기대가 크지 않고
사람 때문에 힘들었던 경우도 별로 없었기에
처음 경험해보는 분노였고 미움이었습니다.
날마다 들끓는 감정 때문에 괴로웠습니다.
잊고 지내다 불쑥불쑥 감정이 밀려올 때면
정말이지 감당하기 힘들 지경이었습니다.
점점 마음에 여유가 사라지면서
마음이 불편한 상태가 계속되었습니다.

도저히
용서가 안 된다

그러던 어느 날 '나도 상처를 받았지만
나도 모르는 사이에 내가 상처를 줄 수도 있었겠다'는
생각이 문득 들었습니다.
'내가 찔려서 상처를 입었다 생각했는데
나도 분명 상대방을 찔렀을 거라 생각하니
피해의식을 가질 것도 말 것도 없겠다'는 생각이 들었습니다.
그렇게 내 자신과 상황을 돌아보며
미워했던 마음을 놓아주었던 기억이 있습니다.

나도 가해자

누군가를 용서한다는 것, 결코 쉬운 일이 아닙니다.
상처가 깊어 도저히 용서하는 마음이 생기지 않을 때,
머리로는 정리를 하고 겨우 용서한다고 말은 뱉었지만
감정적으로는 여전히 미워하고 있는 자기 자신을 발견할 때,
누군가를 용서한다는 것이 얼마나 어려운 것인지 깨닫게 됩니다.

그렇지만 살면서 내가 다른 사람에게 상처를 받는 경우도 있지만
때로는 나도 모르게 내가 다른 사람에게
상처를 주는 경우도 분명 있다는 사실을 기억해야 합니다.

감정이 상해 일부러 상처를 주는 경우도 간혹 있기는 하지만
대부분의 경우 우리는 자신도 모르게
다른 사람에게 상처를 주며 살아갑니다.
이러한 사실을 깨닫고 인정하지 않으면
자신은 상처를 받기만 한 피해자라 생각하게 되고
분노하고 미워하고 원망하는 마음만 키우게 됩니다.

고의는 아니지만…

147

우리는 피해자이기도 하지만
또한 가해자이기도 하다는 것을 결코 잊지 말아야 합니다.

의도적으로든 실수로든
상처를 준 사람으로서의 자신을 떠올리며
조금은 넓은 마음으로
상대방을 이해하기 위해 노력해보십시오.
그리고 과거에 상처받은 일을 떠올리며
조금씩 용서해가십시오.

용서합니다…

지금 당장 용서하고 싶지 않을 수도 있습니다.
지금 당장 용서하지 않아도 괜찮습니다.
감정을 흘려보낼 수 있는 시간이 필요할 것입니다.
다소 시간이 걸리더라도
가식적이지 않은 진실한 마음으로 용서하십시오.

사실 용서하지 못할 때
가장 고통스러운 사람은 바로 자기 자신입니다.
용서하지 못한 마음은
자기 자신부터 상하게 하기 때문입니다.
마음에서 용서해야 할 사람,
용서해야 할 일을 놓아버렸을 때
비로소 마음이 자유로워지고, 삶이 가벼워질 수 있게 되는 것입니다.

자기 자신을 지키기 위해서라도 용서하십시오.

*나를 위해
용서하라*

2. 현재의 삶을 즐기고 누리십시오

혹, 과거에 대한 상처와 미래에 대한 걱정으로
안절부절, 노심초사하여
현재의 삶에 집중하지 못하고 있진 않은가요?

지나버린 과거도 아니고 닥쳐올 미래도 아닌
현재의 삶을 살며
지금, 여기에서의 삶의 만족을 추구하십시오.
현재의 삶에 집중하고, 현재의 삶을 누리면서
차근히 미래의 소망을 이뤄가십시오.

지금
이 순간을 살아!

현재를 누리지 못하면
부지런히 뛰어서 미래에 소망한 바를 이루게 되어도
그것을 누릴 수 있는 감각을 잃어버려
소망을 이룬 기쁨을 제대로 누릴 수 없게 됩니다.

현재에 집중하지 못하고, 현재를 누리고 즐기지 못한다면
현재뿐만 아니라 미래에도
기쁨도 즐거움도 행복도 없을 것입니다.

지금 행복해야
행복한 거야

3. 미래에 대한 비관적인 생각 떨쳐버리십시오

추진하는 일이 될 듯 될 듯하다가 막판에 틀어지고
다시 될 듯 될 듯하다가 결국 원점으로 돌아가는
상황이 무려 4년 동안 계속되었습니다.
포기하지 않고 붙들고는 있었지만
계속되는 좌절 속에서 자신감도 추진력도 잃어버린 채
의기소침한 상태가 계속되었습니다.

뭘 해도 풀리지 않을 것 같고 아무런 희망도 없이
내 인생이 이 상태로 끝나버릴 것 같은
비관적인 생각만 들었습니다.
비관적인 생각을 하면 할수록
더욱 무기력해지고 우울해져갔습니다.
나중에는 미래에 대해 비관적으로 생각하는 것이
아예 습관으로 자리를 잡아
내 스스로를 제한하고 있음을 깨닫게 되었고
그런 내 자신에 대해 깊이 자각한 다음부터는
그런 생각에 빠져들지 않도록
의식적으로 조심하고 또 조심합니다.

아무 것도
되는 게
없어

난 안 돼...

자기 한정의 늪에
빠져버리다

지금의 이 고통스러운 상황이 이대로 쭉 계속될 것 같고
다가올 미래에 대해 자꾸 비관적인 생각만 든다면
적극적으로 맞서 그 생각을 떨쳐버려야 합니다.
비관적인 생각은 내 자신을 무기력하게 만들고
내 인생을 스스로 제한해
정말 그 상황이 계속되게끔 만들어버리기 때문입니다.

시간은 지나가고 인생은 계속 흘러갑니다.
시간의 흐름 속에서 내가 바뀔 수도 있고,
상황이 바뀔 수도 있기에
비관적인 생각으로 나의 미래를 단정하지 마십시오.

겨울 다음에 봄이...

만약 미래에 대해 비관적인 생각이 찾아든다면
겨울이 지나면 봄이 오듯
이 시기가 지나가면
내 인생에도 봄날이 찾아온다는 것을 기억하십시오.
그런 뒤에 사랑을 주고 사랑을 받았던 기억,
도움을 주고 도움을 받았던 기억,
인정을 해주고 인정을 받았던 기억 등과 같이
행복했던 기억을 떠올리고
앞으로 이루고자 하는 소망을 되새기며
자신의 존재감을 회복해가십시오.

미래에 대한 비관적인 생각이 찾아들 때면
떨쳐내어버리는 것이
절망 속으로 빠져들지 않고
내 자신을 지킬 수 있는 길입니다.

내 인생 아직
끝이 나지 않았다

기쁨, 즐거움, 감사, 감동, 행복감과 같은
긍정의 감정을 자주 느끼면 느낄수록
짜증, 분노, 불안, 근심, 긴장, 절망, 우울과 같은
부정적인 감정의 힘은 약해집니다.

밝은 긍정의 감정이
어두운 부정의 감정을 밀어냅니다.

스스로를 위로하기

세계에서 가장 경쟁이 치열한 나라 중의 하나인 한국 땅에서 태어나
경쟁 속에서 성장하고, 경쟁 속에서 살아가다보니
우리는 자신도 모르는 사이에
스스로를 다른 사람들과 비교하여
닦달하고 몰아치는 데 익숙해져 있습니다.

끊임없이 남과 비교하다

'다른 사람은 다 잘 해내는데... 넌 왜 이거 밖에 못하는 건데...'
'넌 왜 이렇게 능력이 없니?'
'왜 이렇게 찌질한 건데...'
'넌 아무짝에도 쓸모없다'고 스스로를 비난하고 책망합니다.

나는 왜 나를 피곤하게 하는가?

하지만 돌이켜 생각해보면
이 험한 세상, 어려운 환경에서
많은 일들을 겪어내고, 많은 상황들을 견뎌내며
지금 여기까지 살아온 것만도
사실은 대단한 것입니다.

물론 지금의 내 인생, 그리 만족스럽지만은 않습니다.
만족스럽기는커녕 왜 이 모양 이 꼴로 사는 건지
한심스러울 때가 오히려 더 많습니다.
그렇지만 '무엇을 얼마나 이루었고...'
'무엇을 얼마나 가졌는지...'를 떠나
이 험한 세상에서 지금까지 살아남았다는 것만으로도
사실 우리는 대단히 고군분투했고 애를 쓴 것입니다.

지금까지 버텨온 나를 이제 좀 다독여 주십시오.
'그동안 애썼어...'
'힘들었지? 견뎌줘서 고마워...'
'지금까지의 결과가 만족스럽지는 않지만, 애썼으니 됐다...'
'괜찮아... 조금 부족해도 괜찮아...
조금 늦어도 괜찮아...'라고 스스로를 위로하고
'앞으로 열심히 하면 되지 뭐...'
'넌 할 수 있을 거야...'와 같이
자기 자신을 격려해주십시오.

견뎌줘서
고마워...

세상으로부터... 자기 자신으로부터...
비난 받고 책망 받고 살아가는 우리에게
지금 절실하게 필요한 것은
스스로를 위로하고 격려해줄 수 있는 능력입니다.

위로가 마음을 치유합니다.
격려가 사람을 일으킵니다.

감성치유 6코스

극복

삶의 의욕 회복하기

살다 보면 누구나 한 번쯤은 겪게 되는
무기력증을 극복하고
삶의 의욕을 회복하는 방법에 대해 얘기합니다.
자신과 대화하며 동기를 기억하고
소명을 되새기며 존재감을 확인해나갈 때
조금씩 마음속에 의욕이 생겨나는 것을 느낄 수 있을 것입니다.

무기력증 극복하기

도대체 난 그동안 뭘 한 걸까?...
왜 이렇게 살고 있는 걸까?...
계속 이렇게 살아야 하는 걸까?...
이런 생각이 몰려올 때면
산다는 것이 허무하고 무의미하게만 느껴집니다.

그래도 열심히 살았는데
왜 이 꼴로 살아가는지 원망스럽기만 합니다.
사람들은 모두 자기 할 일 잘하고
자기 자리 잘 찾아가는데
나만 홀로 뒤처지는 듯한 느낌입니다.

무얼 해도 통 재미가 없고
누굴 만나도 그리 즐겁지가 않습니다.
그저 만사가 귀찮기만 하고
하루 종일 멍하니 그냥 혼자 앉아있는 일이 많습니다.

내 자신이 아무런 존재가치도 없게만 느껴지고
내 삶이 너무 초라하게만 느껴져
절망스럽기만 합니다.

내 인생, 정말 희망이 없는 것 같습니다.

나는 왜 이럴까?

삶의 의욕을 잃고 무기력증에 빠져 있을 때의 모습입니다.

살다 보면 누구나 무기력해지는 경험을 할 때가 있습니다.
체력이 급격히 떨어지면서 몸의 기운이 없어지고
뭔가를 하고 싶은 의욕도
사라져버린 상태가 되는 것 말입니다.
그런데 단순히 체력이 떨어지거나
일시적으로 기운이 빠진 상태는
무기력증이라 말할 수 없습니다.
무기력증은 몸과 마음에 피로가 쌓임으로써
의욕과 기력을 잃어버린 상태가
계속되는 것을 의미하기 때문입니다.

무기력증에
빠지다

무기력증은
언제 어디서나 누구에게든 찾아올 수 있습니다.
누구나 깊은 절망을 경험하고
삶의 희망을 잃어버린 채
살아가는 때가 분명 있기 때문입니다.

그렇기 때문에 긴 세월을 살아온 노인은 물론
퇴직한 중년, 치열한 생존경쟁을 치르고 있는 30대 40대,
꿈을 위해 도전하고 있는 20대 젊은이
심지어 어린이까지
누구든 무기력증에 빠질 수 있는 것입니다.

만사가 싫고
사는 게 지겨워요

저에게도 절망 속에서 무기력하게 보내던 시절이 있었습니다.

아니, 많았습니다.

어른이 될 때까지 살벌했던 집안 분위기로 인해

스트레스는 극에 달해 있었습니다.

집에 돌아가면 항상 불안불안하고 어수선해서

도무지 안정을 찾을 수가 없었습니다.

조마조마한 마음으로 하루하루를 보냈고

그렇게 중학교 고등학교를 지나 대학에 들어갔습니다.

그런데 대학생이 된 후 그동안 마음에 쌓인 감정적인 응어리와

앞으로의 삶의 방향에 대한 고민이 한꺼번에 터져나오면서

감당할 수 없을 정도의 극심한 무기력증에 시달렸습니다.

매사에 자신이 없고, 뭘 하겠다는 의욕도 기운도 사라져버렸습니다.

성장하면서 그때그때 마음을 풀어내야 했었고

그때그때 자기 자신에 대해 고민하면서

정체성을 찾았어야 했습니다.

내 자신이 어디에 관심이 많고

무엇을 잘할 수 있는지에 대해 알아가면서

그것에 근거해 삶의 방향을 정했어야 했는데

마음을 풀어낼 기회도

나에 대해 진지하게 고민할 기회도 갖지 못한 채

사춘기를 보내고 대학생이 된 저는

마음의 응어리는 커질 대로 커지고

삶의 방향을 잡지 못한 채

무기력증에 빠져버린 것이었습니다.

나는 왜 대학에 왔지?

의미가 없습니다

요즘들어 한참 활기차야 하고
의욕이 넘쳐야 하는 20대 젊은 청년들이
저처럼 무기력증에 빠진 경우를 자주 봅니다.
모두들 아무 것도 하고 싶지 않고
아무 것도 되고 싶지도 않다고 말합니다.
그중에는 성장하면서 오랫동안 스트레스에 시달려
마음의 병에 걸려 무기력해진 경우도 있습니다.
그렇지만 대부분은
왜 공부를 해야 하고, 왜 살아야 하는지
삶의 동기를 찾지 못했고, 삶의 목표를 발견하지 못했기에
무기력증에 빠진 경우가 많습니다.
그들이 삶의 동기를 찾고, 삶의 목표를 발견하기에는
자기 자신에 대해 너무나 모르는 상태이기에
먼저 자기 자신과 대화를 시작하고
스스로를 알아가는 시간을 가지라고 조언하곤 합니다.

20대 청춘들의 무기력증이
동기와 목표를 찾지 못해서 겪는 것이라면
30세 이상의 어른들의 무기력증은
반복적인 고통이나 실패로 인해
내가 아무리 노력해도 성취할 수 없다는 좌절감이 깊어져서
나중엔 능력이 있으면서도
이젠 아예 시도조차 하지 못하는 상태가 된 경우가 대부분입니다.

되는 일이 없어요

청춘들의 무기력증이든 어른들의 무기력증이든
무기력증을 극복하기 위해서는
먼저 내가 왜 이렇게 의욕을 상실했고...
무기력하게 되었는지...
그 계기를 파악하는 것이 중요합니다.
어디서부터 시작되었고
무엇이 잘못 되었는지를 알게 되면
문제 해결의 실마리를 찾아갈 수 있기 때문입니다.

계기를 파악하는 것과 더불어
무기력증을 극복하기 위해서 당장 해야 할 일은
먼저 몸부터 움직이는 것입니다.

혹시 지금 당신, 무기력증에 빠져 있습니까?
손 하나 까딱할 힘도 의욕도 없을 정도로 무기력한 상태지만
이렇게 계속되는 내 상태에 위기의식을 느끼고 있고
적어도 이런 무기력한 상태로는 더 이상 살 수 없고
어떻게든 극복해야겠다는 생각은 갖고 있습니까?

그렇다면 지금 있는 그 자리를 박차고 나와
무조건 걸으십시오.   지금 당장
이런저런 생각할 필요도 없습니다.
먼저 몸부터 움직이십시오.
목적도 방향도 없어도 상관없습니다.
발길 닿는 대로, 체력이 허락하는 대로
무조건 걸으십시오.

움직여 봐!

처음에는 몸을 움직이는 것 자체가 중요하기 때문에
걷기처럼 머리를 쓰지 않아도 되고
큰 노력을 들이지 않아도 되는 단순하고 편한 활동이 좋습니다.
그렇게 하루 1시간 이상 무조건 몸을 움직이십시오.
밖에 나와 햇빛을 받으며 몸을 움직이는 것은
몸의 감각을 일깨우고 마음에 생기를 불어넣어
무기력한 삶의 패턴에서 탈출할 수 있는 계기를 만들어줍니다.
먼저 몸부터 움직이며
무기력한 삶의 패턴으로부터 벗어나십시오.

그리고 기억해야 할 점은
무기력증이라는 것이 겨우겨우 어렵사리 벗어나더라도
언제든 다시 빠져들 수 있다는 것입니다.
그러므로 다시 무기력증에 빠져 삶을 망가뜨리지 않도록
스스로 몸과 마음의 컨디션 조절을 할 필요가 있습니다.
하루하루 꾸준히 몸을 움직이는 것이
습관처럼 생활의 일부가 되는 것이 중요합니다.

무기력증은 다른 사람이 어떻게 해줘서 치유되는 것이 아닙니다.
자기 자신이 벗어나겠다는 의지를 갖고
스스로 해내야 하는 극복의 과정인 것입니다.

차 조심

사람 조심

무기력 조심

자신과 대화하며 동기 기억하기

왜 지금 이 자리에 있는 것인지...
왜 이 일을 하고 있는 것인지...
동기가 분명하면
상황이 어렵더라도 버티고 견뎌낼 수 있습니다.

그렇지만 동기가 분명하지 않다면
같은 상황에서도 스트레스를 이겨내지 못하고
고통을 견뎌낼 수도 없습니다.
스트레스를 이겨내고 고통을 감내할
동인이 없는 겁니다.

이유가 뭐었더라?...

내가 있는 이 자리에서
왜 여기 있는 것인지...
왜 이 일을 하고 있는 것인지...
동기를 분명하게 가슴에 되새기고 기억할 필요가 있습니다.

동기를 기억할 수 있는 방법은
자기 자신과 꾸준히 대화하는 시간을 갖는 것입니다.
사실 삶의 의욕을 잃고 무기력증에 시달리는 사람들은
자기 자신과의 대화가 없었거나
아님 오랫동안 단절되어
지금 이 자리에 내가 왜 있는지
그 이유를 잊어버린 경우가 대부분입니다.

무기력증을 극복하고 활기차게 살고 싶습니까?
먼저 몸을 움직이십시오.
몸을 꾸준히 움직여서 어느 정도 감각이 살아났습니까?
그럼 자기 자신과의 대화를 시작하십시오.
왜 이 자리에 있는 것인지...
왜 이 일을 하는 것인지...
동기를 다시 생각하고 분명히 기억하십시오.

어디에 있든, 어떤 일을 하든
처음 시작할 때는 분명 이유가 있었습니다.
그것이 돈이 필요해서든, 경력이 필요해서든
현장 경험이 필요해서든
사랑을 원해서든, 안정을 원해서든
분명 내게 소중한 것을 지키고
내가 소망한 바를 이루기 위해
지금 이 자리를, 이 일을 선택한 것입니다.

왜 선택했던가?

이유, 있었습니다...

다만 일에 치이고 사람에 치이고 현실에 쫓겨
몸과 마음이 너무 피곤하고 고달프다보니
그 동기를 잊어버리게 된 것이고
그렇게 동기가 불분명해지다보니
의욕도 없고 무기력해졌을 뿐입니다.

요즘 어때? 괜찮아?

힘들지 않아?

요즘 불안해 하는데, 너 두려운 거니?

근데 너 여기 왜 있는 거니? 이 일을 왜 하는 건데?

그래서 네가 지키고 싶은 것이 뭐야?

너는 무엇을 소중하게 여기는 사람이니?

이렇게 자신에게 컨디션을 묻고, 생각을 묻고

이 자리를 지키고 있는 동기에 대해 묻고

스스로 답하면서

처음 시작했던 이유와 처음에 품었던 마음을

다시 기억하십시오.

자기 자신과의 대화는

잊고 있었던 동기를 기억하게 하여

무기력을 극복하고

삶의 활기를 찾아갈 수 있게 일깨워줍니다.

자신과의
대화가 필요해

나에게
묻고 답하다

나의 소명을 찾고 존재감 일깨우기

누구나 이 세상에 태어난 이유가 있습니다.
이 세상에서 해야 할 일, 맡겨진 소임이 있다는 것이지요.
이것을 부르심, 소명이라 부릅니다.
따라서 소명은 이 세상에 내가 존재하는 이유이자
'왜 살아야 하는가?'에 대한 스스로의 답입니다.

그래서 소명을 발견한다는 것은
태어날 때부터 신이 맡겨주신
이 세상에서의 내 소임이 무엇인지를 찾는 것이고
그러한 소임을 맡은 있는 그대로의 내 존재를
받아들이는 것을 의미합니다.

내가 살아갈 이유

따라서 소명을 발견하고 소임을 감당해나갈 때
내가 이 세상에 존재하고 있다는
존재감을 온전히 느낄 수 있게 되는 것이고
삶의 의욕도 살아나게 되는 것입니다.

활기 넘치고 의욕적으로 살아가고 싶다면
이 세상에서 내가 해야 할 일
나에게 맡겨진 소임을 발견해야 합니다.
내가 있어야 할 자리, 가야 할 길을 깨달아야 합니다.

나에겐
할 일이 있다

분명한 것은 소명은 내가 뭘 어떻게 이루겠다는
본인의 의지에서 나오는 것이 결코 아니라는 것입니다.
그래서 빨리 발견하고 싶다고 해서
하루아침에 뚝딱 발견되어지는 것도 아니고
숙제 하듯이, 시험공부 하듯이
단시간에 집중해서 해치울 수 있는 것도
결코 아닙니다.

소명을 발견하기 위해서 가장 먼저 해야 할 일은
스스로에게 소명을 묻는 질문을 던지고
자기 자신이 들려주는 내면의 소리를 잠잠히 듣는 것입니다.

'내가 이 세상에 존재하는 이유는 무엇인가?'
'이 세상에 머무르는 동안 내가 할 일은 뭐지?'
'나는 도대체 뭐 하는 사람인가?'

이런 질문에 대해
내 자신이 뭐라고 얘기하는지
내 영혼 깊은 곳에서 들려오는 소리를
잠잠히 들으십시오.

그리고 자신의 존재에 대해 깊이 있게 고민하십시오.
그렇게 자기 자신과 깊이 있는 대화를 나누고
때로는 삶의 현장 속에서 부딪혀보고 경험해보면서
이 세상에서 내가 해야 할 일, 소명을 발견해가십시오.

동기를 다시 기억하는 것과 마찬가지로
소명을 발견하는 것도
자신의 내면의 소리를 듣고
스스로와 끊임없이 대화하고
삶을 경험해가는 가운데 깨닫고 발견하는 것입니다.

내면의 소리

경험해보니...

사람마다 이 세상에서 주어진 일이 다 다르기 때문에
소명에는 정해진 정답이 없습니다.
자신이 발견하고
스스로가 절실히 내리는 답이 정답인 것입니다.
그래서 어떤 사람에게는 아이들을 가르치는 것이,
어떤 사람에게는 음악을 통하여 사람들에게 위로를 주고
행복하게 해주는 것이 소명일 수 있습니다.
또한 자녀를 스스로도 행복하고
다른 사람을 행복하게 해주는
건강한 사회인으로 키우는 것을
평생의 소명으로 생각하는 사람도 있습니다.
이렇듯 소명은 멀리 있지도, 거창하지도 않은 것입니다.

답은 내 안에 있다

자신의 소명에 대한 고민의 차이는
인생의 풍랑을 만났을 때 더욱 여실히 드러납니다.
살다보면 누구나 크고 작은 인생의 풍랑을 만나기 마련인데
그러한 인생의 풍랑을 만났을 때
이 세상에서 내가 해야 할 일이 무엇이고...
내가 있어야 할 자리가 어디인지... 깨닫지 못한 사람은
어디로 가야 하고... 어떻게 해야 하는지... 갈피를 잡지 못한 채
마음이 흔들리고, 삶이 흔들릴 수 있습니다.
그렇지만 이 세상에서 내가 해야 할 일,
있어야 할 자리, 가야 할 길을 깨달은 사람은
흔들림 속에서도 어디로 가야 하고...
어떻게 해야 하는지... 삶의 방향을 찾아가며
자신의 마음도, 자신의 삶도 지켜낼 수 있는 것입니다.

이렇듯 소명은 세상에서의 내 존재감을 일깨워주고
내 안에서 열정을 불러일으켜, 다시 움직일 수 있게 해주며
살아가면서 겪게 되는 많은 흔들림 속에서
방향 감각을 잃지 않게 해주는 힘입니다.

힘겨운 현실 속에서
다시 자신의 존재에 대해 고민하고
이 세상에서의 소명에 대해 생각하고 정리하는 것은
이 세상에서의 내 존재감을 일깨우고
삶의 방향을 다시 찾아
무기력해져버린 삶의 활기를
다시 찾아갈 수 있게끔 만들어줍니다.

지금 포기하고 싶은 순간을 무조건 견뎌내기

날마다 인내심의 한계에 부딪힙니다.
포기와 인내 사이에서 치열한 갈등을 벌입니다.
당장 그만두고 싶고, 그만 포기해버리고 싶은 마음이
순간순간 불쑥불쑥 솟아납니다.
지키고 싶은 것, 이루고 싶은 소망이 없다면
그냥 확! 마음 내키는 대로 질러버리고도 싶습니다.
내 자신이 한없이 초라하고 무기력하게만 느껴져
그냥 놓아버리고도 싶습니다.

삶의 목표를 세우고
그 목표를 향해 인생의 행로를 가다보면
때로는 전혀 예상치 못한 힘든 상황을 맞게 될 때도 있습니다.
버텨내기조차 힘겹고 고통스럽기만 합니다.
현실에 절망하고, 현실 앞에 포기하고만 싶어집니다.

그렇지만 아무리 생각해도 다른 대안이 없고
내 소중한 것을 지키기 위해, 내 소망한 바를 이루기 위해
지금 이 자리에 머물러야 하고,
이 상황을 견뎌내야 한다는 결론에 이른다면
내게 소중한 것, 이루고 싶은 소망을 다시 떠올리며
당장 포기하고 싶은 그 순간을 참아 넘기십시오.

너무 힘들다

더 이상은 못 버텨!

그냥 놓아버리고 싶어…

참을 수 없는 모욕을 당할 때도 있을 것입니다.
원색적인 비난을 받을 때도
견딜 수 없는 아픔을 느낄 때도 분명 있을 것입니다.
인내심을 발휘해야 합니다.
인내심이란 포기하고 싶은 바로 그 순간을 넘기는 것입니다.

지금은 괴롭더라도, 지금은 비웃더라도
무조건 견디십시오.

지금은 괴롭더라도

무조건 견뎌내라

무조건이야!

저에게도 포기하고 싶었던 순간이 있었습니다.
아니 그냥 포기해버린 때도 있었습니다.
바로 감성치유 활동입니다.
처음 시작할 때 확신에 차 있었던 것은 아니었지만
어느 정도 확신이 있는 일이었습니다.
세상에서 내가 할 일이 맞는 것 같고
분명 이 세상에도 필요한 일이라 생각했습니다.
그래서 열심히 활동했습니다.
그런데 제 노력과는 달리 눈에 보이는 성과는 별로 없었습니다.
열심히 노력한 만큼 강의도 워크숍도
책을 쓰는 일도 쉽게 길이 열리지 않았습니다.
다른 사람들은 자리를 잡아가고 성장해가는데
저만 항상 제자리걸음을 하고 있는 듯한 느낌이었습니다.

'내 노력이 부족한가?...' 하며
다시 힘을 내어 부지런히 뛰었지만
상황은 달라지는 것이 없었습니다.
그렇게 1년, 2년, 5년... 시간은 흘러가고
세월의 흐름 속에서 내 자신에 대한 자책과
내 인생에 대한 절망감만 깊어 갔습니다.
분명 이 자리가 맞는데... 분명 이 길이 맞는데...
방향에 대한 확신은 있었건만
보이지 않는 미래와 감당해야 하는 현실 앞에서
그냥 모든 걸 포기하고 싶을 때가 많았습니다.

왜 나는
제자리인가

혹시 지금 당신, 저와 같은 상황에 있습니까?
내가 있는 이 자리, 내가 가는 길에 대한 확신은 있지만
현실에 치이고 절망에 빠져서
그냥 포기해버릴까 고민하고 있습니까?
일단 고민은 내려놓고
지금 눈앞에 벌어진 상황, 겪고 있는 현실을
있는 그대로 받아들이십시오.
이런저런 판단도 해석도 하지 말고
상황 그대로를 인정하십시오.

특히 '난 왜 이렇게 능력이 안 되는지...'
'내 인생은 왜 이렇게 꼬이기만 하는지...'와 같은 생각에 사로잡히고,
그런 생각에 빠져드는 것을 경계하십시오.
그런 상황에서 생각이 많아지면
스스로에 대한 자책과 삶에 대한 비관만 하게 될 뿐입니다.

최소한 이 일에 대한, 이 길에 대한 확신이 있다면
이 세상의 모든 일에는 때가 있게 마련이고
그래서 무조건 견뎌내야 하고, 시간이 어느 정도 흘러야만
해결의 실마리가 보이는 문제도 있음을 기억해야 합니다.

절망 속에서 포기하고 싶은 순간
내 자신을 탓하고, 다른 사람을 탓하고, 환경을 탓하면서
고통을 회피하거나 에너지를 낭비하지 말고
상황을 있는 그대로 받아들이고
글을 쓰거나 걷고 여행하거나 대화하는 활동들을 하면서
지금의 고통과 괴로움을 견뎌내십시오.

당장 포기하고 싶은 순간을 견뎌낼 수 있는 또 다른 열쇠는
내가 지키고 싶은 것, 이루고자 하는 소망을 다시금 떠올리며
가슴 속에 되새기는 것입니다.
지키고 싶은 것, 이루고 싶은 소망은
당장 포기하고 싶은 충동을 잠재우고
내 안에 인내심을 끌어올려
그 상황을 견뎌낼 수 있게 만들어주기 때문입니다.

자신이 소중하게 여기는 것을 지키고
이루고 싶은 소망을 이뤄가는 과정은
자기 자신과의 치열한 싸움의 과정인 것입니다.

지독한 인내가
필요해

생각할 시간도 숨 돌릴 겨를도 없이
하루하루가 숨 가쁘게 지나갑니다.
날마다 해야 할 일들은 계속 쌓여가고
한 치의 여유도 없이 시간에 쫓기는 생활이 계속됩니다.
일에 치이고... 사람에 치이고....

스트레스는 쌓일 대로 쌓여버렸습니다.
몸도 마음도 지칠 대로 지쳐버렸습니다.

빨리)빨리)

이건 정말 아닌 것 같은데...
어디서부터 뭘 어떻게 해야 하는지...
마음의 여유도 삶의 방향도...
잃어버렸습니다...

늘 쫓기는 삶

하루하루의 일정에 쫓기다보면
하루의 삶, 일주일의 삶, 한 달의 삶과 같이
단기의 삶에 매몰되어버리기 쉽습니다.

하루하루의 삶에 충실하고 최선을 다해야 하지만
당장 해야 할 일에 끊임없이 몰입해 사는 것은
인생을 바라보는 시선을 너무 단기에 고정시켜버려
지금 현재의 상황에만 더욱 집착하게 만들어버립니다.

그래서 마음의 여유, 삶의 여유를 모두 잃어버린 채
당장의 상황에만 매여
매사에 안달복달하거나
생각도 마음도 영혼도 없이
그때그때 주어진 일만 해치우며
기계적으로 살아가는 삶을 살아가게 됩니다.

아둥바둥
허둥지둥

그러므로 살아가는 중간중간
자신의 인생을 긴 시간의 흐름 속에서
조망해보는 시간을 가질 필요가 있습니다.
당장의 상황으로부터 한발짝 떨어진 시각으로
장기적 안목을 갖고, 내 인생을 바라볼 필요가 있는 것입니다
왜냐하면 인생을 조망하는 것은
인생을 바라보는 시야를 넓혀서
당장 보이는 상황에 매몰되지 않게 하여
마음의 여유를 갖고 삶의 방향을 찾아갈 수 있도록
이끌어주기 때문입니다.

날마다 쫓기는 삶 속에서 지칠 대로 지쳐
마음의 여유도 삶의 방향도 잃어버린 것 같습니까?
시간의 흐름 속에서 현재의 위치를 파악하고
지나온 시간들과 앞으로 남아 있는 시간들을 가늠해보며
내 인생을 조망해보는 시간을 가지십시오.

봄, 여름, 가을, 겨울
인생의 사계절 중 당신은 어디에 있습니까?
만약 내가 평균 수명을 산다면
얼마나 살았고, 얼마의 시간이 남아 있는 겁니까?
지난날은 어떻게 살았습니까?
앞으로의 세월은 어떻게 살아갈 것입니까?
스스로에게 묻고 답하면서
자신의 인생을 장기적인 안목으로 바라보십시오.

가버린 세월
남겨진 시간

내게 닥친 당장의 상황과 거리를 두고
내 인생을 전체적으로 조망하는 것은
인생에 대한 시야를 넓혀
그때그때 벌어지는 상황 속에 매몰되지 않고
여유 있게 대처할 수 있게 해주고
앞으로의 삶의 방향도 다시 찾아갈 수 있게 만들어줍니다.

인생에 대한 시야가 넓어지면 넓어질수록
삶을 살아가는 태도는
더욱더 여유 있게 되는 것입니다.

어, 여기가 어디지?

어디만큼 왔나?

얼마나 가야 하는 거지?

이루고 싶은 소망 날마다 기억하기

내가 평생에 해야 할 일, 소명을 찾았고
지키고 싶은 것, 이루고 싶은 소망을 발견했으면
그것을 글이나 그림 등으로
구체적으로 표현해보는 것이 좋습니다.

소명을 표현할 때는
내가 헌신하고자 하는 대상과 활동 분야를
간결하면서도 명쾌하게 밝히십시오.
그래야 소명을 표현한 글을 읽고 그림을 보았을 때
내 존재감과 삶에 대한 의욕을 일깨울 수 있기 때문입니다.

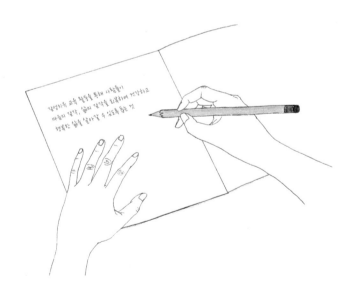

소명이나 소망을 글과 그림으로 표현했다면
하루 중 가장 많이 머무는 장소
가장 눈에 잘 띄는 장소에 붙여놓으십시오.
아침마다 보면서 마음속에 되새기십시오.

그렇게 의식과 무의식에 되새기다보면
내 존재감과 삶의 방향성을 확고히 갖게 되어
의욕을 잃고 무기력증에 빠져드는 것을 막을 수 있습니다.

날마다 지키고 싶은 것, 이루고 싶은 소망을 기억하고
내가 평생에 해야 할 일, 소명을 되새기는 것은
스스로에게 살아야 하는 동기를 부여하고
자기 안의 열정을 불러일으켜
자신의 존재에 대해... 산다는 것에 대해...
회의감이 밀려드는 것을 막고
활기차고 생동감 있게 살아갈 수 있도록 만들어줍니다.

소명이 나를 일깨웁니다.
소망이 나를 움직입니다.

소망, 그 아름다운 힘

감성치유 7코스

교감

진실한 관계 풀어가기

다른 사람들과 서로 어울려 살아가게 되는 삶 속에서
자연스럽게 사람들과 인연을 맺고, 그들을 이해하면서
관계를 편안하고 조화롭게 풀어가는 방법을 찾아봅니다.
우리가 기억해야 할 사실은
이 세상에 완벽한 사람은 존재하지 않는다는 겁니다.
누구에게나 결점이 있다는 사실을 기억하면서
상대방의 있는 그대로의 모습을 받아들이고 이해해갈 때
원만하고 진실한 관계를 유지할 수 있을 것입니다.

'나는 옳고 너는 틀렸다'는 생각 경계하기

인간은 누구나 자기 기준으로 생각하고
자기 기준으로 느낍니다.
서로 살아온 환경이 다르고, 사고방식이 다르고
바라보는 관점이 다르며, 처해 있는 입장이 다르기에   자기중심
다르게 생각할 수밖에 없고
다르게 느끼고 행동할 수밖에 없건만
그런 차이는 간과한 채
자기 기준으로만 판단하여
'이 사람 안돼!' '이 사람 싫어!'
'이 사람 아니야!'라고
단정지어버리기 일쑤입니다.

서로 다를 수 있다는 것을 인정하지 않고
자신의 생각과 감정에만 매몰되어 있을 때는
다른 사람의 참모습이나
그의 진심을 제대로 헤아릴 수 없습니다.

내 시각으로만
세상을 보다

사실 사람이라면 누구나 마음속 깊은 곳에
'내 판단이 맞다' '내 방식이 맞다' '네가 틀린 거다'와 같이
결국은 '내가 옳다'는 생각이 자리를 잡고 있습니다.
겉으로 드러나진 않지만 인간은 자기중심적인 존재라
모두 다 그런 생각을 갖고 있는 것입니다.

그렇게 내가 옳고 내 판단이 맞다고 생각하기에
나와 같지 않다면 그건 틀린 것이라 단정해버립니다.
그렇지만 엄밀히 말하면 틀린 것이 아니라 다른 것입니다.
생각이 다르고, 느끼는 감정이 다르고   다름
취향, 보는 시각, 처해 있는 상황이 서로 다르기에
사람마다 차이가 있을 수밖에 없고   차이
그래서 서로 다를 수밖에 없는데
'나와 다르다'하여 '너는 틀렸다'고 단정해버린다면
서로를 이해할 수도, 관계를 성장시킬 수도 없는 것입니다.

이 세상에 나와 같은 사람은 단 한 사람도 없습니다.
모두가 서로 다릅니다.
이런 서로의 다름과 서로의 차이를 인정하고
'내가 옳고 너는 틀렸다' '이건 꼭 내 방식대로 해야 된다'와 같이
내 의견만 고집하는 아집으로부터 벗어나십시오.
이건 옳고 틀림의 문제가 아니라
서로 다름의 문제임을 기억해야 합니다.

인간관계의 갈등을 줄이고
원만한 관계를 유지하고 싶다면,
나도 모르는 사이에 내 생각과 내 감정에 매여
내 중심으로만 판단하고 단정해버릴 수 있는
한 인간으로서 자신의 한계를 경계하면서,
열린 마음으로
서로가 다를 수 있다는 사실부터 인정해야 합니다.

우린 모두
조금씩 달라

서로의 생각과 의견이 다를 수 있고,
느끼는 감정과 좋아하는 취향이 다를 수 있으며,
처해 있는 입장이 다를 수 있다는 것을 항상 명심하고
상대방의 시각, 의견, 스타일 등을
있는 그대로 받아들일 수 있을 때
상대방의 진심도 헤아릴 수 있고,
상대방의 참모습도 볼 수 있으며,
서로 긴밀하면서도 편안한 인간관계를
유지해갈 수 있는 것입니다.

서로의 다름을
받아들이다

언젠가 어머니와 사회 초년생 딸이 연구소에 방문한 적이 있습니다.

"우리 아이가 요즘 강박증적인 증상이 점점 심해져서요.

오늘은 직장도 못 나갔답니다.

어떤 증상이신데요?

손을 씻는 건데요.

요즘은 피부가 짓무를 정도로 씻고 또 씻고 하루 온종일 손을 씻으며 보내요.

정상적인 일상생활은 전혀 못하고 있어요."

딸은 극도의 불안 증세를 보이고 있었고

너무 피곤하고 힘들지만 스스로는 멈출 수가 없는 상태였습니다.

빨리 치료가 필요한 심각한 상태인 것 같아서

정신과 전문의와의 상담을 권해드렸습니다.

그런데 어머니도 딸도 병원에는 갈 수 없다고 말하는 것이었습니다.

정신과에 가서 처방을 받으면 기록에 남게 되고

회사 인사고과에도 반영되고 여러모로 불이익이 많다는 얘기였습니다.

정신과 상담을 한사코 거부해왔던 눈치였습니다.

치료를 받고 기록이 남으면 정신질환자로 낙인찍힐 것 같은 두려움에

그렇게 고통스러우면서도 '정신과'를 피하다니

그때 정신질환에 대한 우리 사회의 시선이 얼마나 부정적이고

그 편견이 얼마나 심한지 제대로 실감할 수 있었습니다.

색안경을 쓰고 보다

사람은 누구나 태어나고 자라난 환경과
자기가 겪은 경험을 통해 편견을 갖게 됩니다.
그리고 이 편견은 성장하면서
마음속에 깊이 뿌리를 내려 자각하지 못할 정도로
그냥 나의 일부가 되어버립니다.
그렇게 이미 나의 일부가 되어버린 편견은
무의식중에 감정이입을 방해하여
다른 사람의 진심을 이해하고
그의 진면목을 보는 것을 막아버립니다.
그를 단정해버리게 하고, 그와 자연스럽게 교류하고
깊이 있는 인간관계를 맺어가는 것을 방해합니다.
이처럼 편견은 상대방의 진심을 느끼지 못하게 하고
제대로 된 그의 모습을 보지 못하게 하는
특급장애물입니다.

무의식중에…

그 시선으로

왜곡된 시각으로

자신이 어떤 편견을 가지고 있는지 알고 있습니까?
부모로부터, 집안으로부터, 사회로부터
물려받은 편견은 무엇입니까?

내가
물려받은 것들

저 사람 정신과 치료를 받은 적 있대...
그 친구 이혼했다는데...
그 집 아빠 자살했다더라...
저 나이가 되도록 결혼도 못하고...
나이가 있지... 그 나이에 뭘 할 수 있겠냐...
그 흔한 대학도 변변히 졸업하지 못했다는데...
뚱뚱한 사람은 안 돼! 게으르고 자기관리를 못해...
트랜스젠더라고? 어쩐지...
이렇게 반응한 적은 없는가요?

나도 모르는 사이에
고아, 입양아, 장애인, 미혼모, 이주노동자, 전과자라고
색안경을 끼고 보지는 않았는지
스스로를 돌아보고 살펴볼 필요가 있습니다.

여자는 안 돼

어쩐지...

나이가 너무...

놀면 안 돼

주제에...

엄마없는 애

편견을 극복하기 위해서는
무엇보다도 자신이 부지불식중에 가지고 있는 편견을
자각하여 알아차리는 것이 가장 중요합니다.
알아차려야 내려놓기 위한 노력도 시작할 수 있기 때문입니다.

그리고 자신이 가지고 있는 편견을 알아차렸으면
내 안에 그런 편견이 있음을 인정하고
그 편견으로 다른 사람을 단정하지 않도록 노력해야 합니다.
그래서 다른 사람을 만나 인간관계를 맺게 될 때
내 안에 편견이 있을 수 있음을 기억하고
혹시 내가 가지고 있는 편견에 의해
상대방을 왜곡하여 이해하는 것은 아닌지
스스로를 살피며 조심할 필요가 있습니다.

그렇게 내가 가지고 있는 편견을 자각하여
그러한 편견을 내려놓고
상대방을 있는 그대로의 모습으로 이해하려고 노력할 때
서로에 대한 벽은 사라지고
서로 진심을 나누고
서로의 참모습을 볼 수 있는 관계로
발전할 수 있는 것입니다.

편견, 선입견, 고정관념을 내려놓았을 때
관계는 자연스럽게 풀립니다.

나는 편견을 가지고

세상을 본다

세상은 편견을 가지고

나를 본다

다른 사람 마음 헤아리기

사람은 자신의 이야기를 잘 들어주고
자신의 마음을 잘 헤아려주는 사람에게
마음을 열고 신뢰감을 갖기 마련입니다.
그렇기에 다른 사람의 마음을 얻고 싶고
그와 진심으로 가까워지길 원한다면
그가 하는 말을 주의 깊게 듣고
그의 입장에서 생각해보며
그가 지금 어떤 심정인지 헤아릴 줄 알아야 합니다.

우리는 다른 사람의 마음을 헤아리는 것이
결코 쉬운 일이 아니라는 것을
일상 속에서 절감할 때가 많습니다.
왜 저런 말을 하는지 도무지 알 수가 없고,
왜 저런 행동을 하는지 정말이지 이해가 안 갈 때가
많기 때문입니다.
불편한 상황을 만들고 싶지 않아서
그래도 좋은 관계를 유지하고 싶어서
오랫동안 지켜보며 이해해보려고 애를 써보지만
정말이지 알 수 없는 게 사람 마음일 때가 많습니다.
열 길 물속은 알아도
한 길 사람 속은 모른다는 말을 실감합니다.

도대체
속을
알 수 없다니까...

어떻게 하면

사람들의 마음을

알 수 있을까요?

그렇지만 아무리 사람 마음을 헤아리는 것이 어렵다고는 하나
열린 마음으로 상대에 대해 관심을 갖고
독립된 존재로서 그를 진심으로 대했을 때
조금씩 그의 심정을 가늠할 수 있고
그가 어떤 사람인지도 이해할 수 있는 것 또한 사실입니다.

열린 마음으로…

어떻게 하면 다른 사람의 마음을 헤아릴 수 있을까요?
다른 사람의 마음을 살필 수 있는
구체적인 방법들은 무엇일까요?

● 타인의 마음을 헤아리는 방법

1. 먼저, 내 마음부터 살피십시오

자기 감정에 무딘 사람일수록
다른 사람의 감정을 헤아리고 관계를 풀어가는데
어려움을 겪습니다.
한 인간으로서 자기 감정을 이해하지 못하면
다른 사람의 감정도 헤아릴 수 없거니와
감정의 동물인 인간 자체에 대한 이해력도
떨어질 수밖에 없기 때문입니다.

*내 느낌과
내 감정을
마주하라*

사람은 자신이 느낀 감정을 통해
다른 사람의 심정을 헤아리게 됩니다.

따라서 내 감정을 아는 것은
다른 사람의 감정을 헤아리는 근거가 되는 것이고
인간 자체를 이해하는 토대가 되는 것입니다.

너도…
나처럼…

그러니 다른 사람의 마음을 잘 헤아리기 위해서는
먼저 내 마음부터 알 필요가 있습니다.
자신의 마음을 면밀히 살피고
자신의 감정에 예민해질 필요가 있는 것입니다.

더불어 한 사람으로서
내가 다른 사람과 상황에 어떻게 반응하는지
그 패턴을 관찰하고 파악하는 것도 중요합니다.
사람과 상황에 반응하는 내 감정 패턴이 어떠하고
다른 사람에게 어떤 영향을 끼치는지 알아야
상대방이 왜 그렇게 느끼는 것인지…
왜 그렇게 반응하는 것인지…
가늠할 수 있기 때문입니다.

자신의 마음을 제대로 볼 수 있고
자신의 감정 패턴을 제대로 파악할 수 있을 때
비로소 다른 사람의 마음도 헤아릴 수 있습니다.

2. 다른 사람이 쓰는 말을 잘 살피십시오

다른 사람이 쓰는 말 중 감정이 실린 말을 찾으십시오.
감정이 실린 말은 마음속 깊은 곳에
어떤 감정이 자리 잡고 있는지 알 수 있는 단서가 됩니다.

누군가가 '너무한다' '서운하다' '억울하다'
'울화가 치민다' 등의 말을 사용합니까?

너무해
정말 너무해!

지겨워

억울해

실망했습니다

울화통

그렇다면 그는 화나 있는 게 분명합니다.

혹 상대방이 '긴장된다' '부담된다' '불안하다'
'도무지 안정이 안 된다' 등의 말을 사용합니까?

앗, 어떻게 하지?

걱정돼

떨려

나 어떡해

불안해

고민고민

그렇다면 그는 두려워하고 있습니다.

3. 비언어적 메시지를 꼼꼼히 살피십시오

대화를 할 때 전하려는 의미의 10퍼센트만이 말에 의해 전달되고
90퍼센트는 표정, 자세, 몸짓, 목소리 톤, 말의 리듬, 호흡, 패션 등과 같은
비언어적 메시지들을 통해 전달된다고 합니다.

얼굴은 감정 상태를 나타내는 거울입니다.
상대방의 얼굴을 살피십시오.
눈을 들여다보십시오.
상대방의 얼굴빛이 어느 때 어떻게 변하는지를 주시하십시오.
애써 감추려 해도 얼굴에 반사적으로 드러나는 감정은
절대 속이지 못합니다.
목소리와 말의 리듬은 어떻습니까?
몸짓과 자세는요?
그의 패션은 어떤 느낌을 주고
어떤 메시지를 전달하고 있나요?

표정

얼굴빛

낮은 목소리

팔짱을 끼고 …

손짓

긴 한숨

다른 사람이 표현하는 비언어적 메시지들을 살펴봄으로써
그 사람의 감정 상태가 어떤지 가늠해볼 수 있습니다.

말로는 마음을 속일 수 있어도
몸의 반응과 분위기로는
절대 마음을 속일 수 없습니다.

입장 바꿔 생각해보기

다른 사람과 더 가까워지고
그를 진심으로 이해하기 위해서는
그의 입장에서 생각해보고 느낄 수 있어야 합니다.
그의 입장에서 느낄 수 있는 능력은
상대방의 얘기를 들으면서
내가 그의 상황에 처해 있다고
감정이입할 수 있을 때 가능합니다.

입장 바꿔 생각

감정이입이란 내가 다른 사람의 입장이 되어
그가 겪고 있는 일을
마치 내가 겪고 있는 일처럼 생각하고
그 상황에서 가질 수 있는 생각과 감정을 상상하면서
실제로 똑같이 느껴보는 것을 말합니다.

나를 버리고 다른 사람이 되어보는 것
그것이 감정이입인 것입니다.

제대로 된 감정이입을 위해서는
먼저는 다른 사람의 말을 전심으로 듣는 자세,
말로 표현되지 않은 생각과 감정을

만약 나라면?...

표정, 목소리, 몸짓, 행동 등을 통해 파악하려는 노력,
그리고 다른 사람의 입장에서 느껴지는 감정을
내 안에 적용시켜 경험할 줄 아는 능력이 있어야 합니다.

그런 능력들을 토대로
처음에는 다른 사람의 말과 표정, 목소리, 몸짓, 행동으로
보여주는 감정을 읽습니다.
다음에는 겉으로는 보여주지 않는 숨은 감정을 감지해냅니다.
그리고 나서 여러 감정 속에 숨겨진 그의 진짜 문제를 이해합니다.
이렇게 그의 마음을 이해하고
그의 존재를 이해하는 것이 감정이입입니다.

상대의 아픔
속사정

따라서 감정이입 능력은 다른 사람의 마음을 헤아리고
그의 존재를 이해하게 하여
조화롭고 깊이 있는 인간관계를 만들어가는
중요한 자질인 것입니다.

그러므로 다른 사람과 대화할 때면
내가 그의 입장에 있다고 상상하고
내가 전에 경험했던 비슷한 상황에서
들었던 생각, 느꼈던 느낌을 기억하면서
상대의 생각과 감정을 전심으로 느껴보십시오.

내가 저 사람의 상황이라면
어떤 마음일까?
저 입장에서 어떤 심정일까?

감정이입을 통해
다른 사람의 입장에서 느껴보는 것은
사람을 이해하는 마음을 깊게 하고
인생을 바라보는 시야를 넓게 하여
사람과 사람 사이의 관계와 인생에서 겪게 되는 상황에
여유 있고 넉넉하게 대처할 수 있는 자질을 키워줍니다.

감정이입

세상을 겪는

또다른 방법

사람에 대한 기대치 낮추기

20대 젊은 시절에는 인생에 대한 기대치가 높았습니다.
일에 대한 기대, 사랑에 대한 기대, 결혼에 대한 기대...
사람에 대한 기대 또한 당연히 컸습니다.
'너, 이것 밖에 안 되는 사람이었구나...'
'난 너에게 이렇게 신경을 쓰는데, 너는...'
이런 생각을 하며 인간관계에서 번번이 실망할 때가 많았고
상대방이 내가 기대하던 모습을 보이지 않거나
전혀 예상치 못한 실망스러운 모습을 보일 때면
거리를 두거나 관계를 단절해버릴 때도 여러 번이었습니다.

부모, 연인, 친구, 직장 동료들....
주변 사람들에 대한 기대치가 커서 그랬는지
'부모라면 어떻게 저럴 수가 있나...'
'사랑한다면 어떻게 그렇게 행동할 수가 있지?...'
'친구라면 그럴 수는 없는 거지...'라고 단정해버리며
끝없이 실망하고, 배신감에 치를 떨며
삶에 대한 절망감에 빠질 때가 많았습니다.

어떻게
그럴 수 있을까?

40대 중반을 넘어선 지금은
사람에 대한 기대, 인생에 대한 기대, 별로 크지 않습니다.
"인생 뭐 별거 있냐? 다 그렇게 사는 거지..."
"살아보니 믿을 사람 하나 없고..."
이런 식으로 체념하고 포기했기 때문이 아닙니다.

겉은 어른이지만 아직까지도 미성숙한 부분이 많은
약하고 실수 많은 인간 본연의 모습을 알게 되었고,
그 모습을 인정하고 받아들였기 때문입니다.
그래서 '부모님도 상처 많았던 지극히 평범한 인간이었던 거지...'
'저 사람은 전혀 모르는구나... 그 부분에 있어 완전 애기네...'
'의도적으로 그러는 것 같지는 않고... 저게 저 친구의 약점이구나...'
'뭔지는 모르지만 저 사람 되게 힘들게 성장했나보다...' 하는
조금은 더 여유 있는 시선으로
사람을 바라볼 수 있게 된 것 같습니다.

미성숙한 사람

상처를 받은 사람

젊어서는 이상적인 사람의 모습만을 바라봤다면
지금은 조금 현실적인 사람의 모습을 보게 된 셈입니다.

서툰 사람

인간관계에 있어 우리가 실망하고 분노하고
배신감을 느끼고 미워하게 되는 이유는
상대방에 대해 지나치게 높은 기대치를
갖고 있기 때문인 경우가 많습니다.
자신이 이상적으로 생각하는 완벽한 사람이기를
기대하는 마음이 있는 것입니다.
그럴 경우 사소한 실수와 잘못에도 실망감이 크고
번번이 자신의 기대치에 미치지 못하므로
상대방에 대한 분노감은 점점 커져가게 됩니다.

그렇지만 우리가 기억해야 할 사실은
이 세상에 완벽한 사람은 존재하지 않는다는 것입니다.
아무리 완벽해 보이는 사람일지라도
한두 가지 결점은 분명 있습니다.
하물며 보통의 평범한 사람에게는 결점과 약점이 많습니다.

인간관계를 원만하게 유지해가기 위해서는
인간이 결점과 약점이 많은 존재임을 기억하고
사람에게 지나치게 높은 기대치를 갖지 않는 것이 중요합니다.

누구에게나
약점은 있다

사실 인간관계에 있어 서로에게 기대감을 갖는 것은
관계를 성장시켜가고 서로에 대한 신뢰를 쌓아가는데
더없이 중요한 요소입니다.

문제는 지나치게 높은 기대치를 갖는 것에 있습니다.
기대가 크면 실망도 큰 법입니다.
지나친 기대치는 기본적으로 충족되기도 어렵지만
더욱 큰 실망, 더욱 큰 반감을 갖게 되어
서로의 관계가 악화될 대로 악화되고
결국 깨지게 되는 것입니다.

상대방에게 지나치게 높은 기대감을
갖지 않도록 조심해야 합니다.
특히 다른 사람에게 마음 써주고 배려할 때에는
그가 알아주길 바라고, 다시 돌려주길 바라는 마음을 내려놓고
상대방에게 뭔가 기대하는 마음을 더더욱 낮출 필요가 있습니다.
그렇지 않을 경우 내가 해준 만큼 못 받는다고 느낄 때
더욱 큰 실망감과 원망감에 사로잡혀
상대방을 미워하게 될 수도 있기 때문입니다.

서운하고 억울하다

인생에 대해 뭔가 큰 것을 기대하지 않고
'순간순간이 내 인생이다'라는 마음가짐으로 사는 것이
오히려 일상의 소소한 것에 감사하게 되고
하루하루 충실하게 살아갈 수 있게 해주는 것처럼
사람에 대해서도 지나치게 기대하지 않고
'사람은 원래 약하고 실수 많은 존재이며
특히 상처가 많을수록 그렇다'는 사실을 기억하며 사는 것이
사람에 대해 조금은 더 여유 있는 태도를 갖게 하고
누군가 마음을 써주고 배려해주었을 때
더욱 감사하고 소중하게 여기며 살아갈 수 있게 해줍니다.

주변의 가족, 친구, 직장 동료들을 떠올려보고
내가 그 사람들에게 지나친 기대감을 갖고 있는 건 아닌지
스스로를 점검해 보십시오.

혹시 지나친 기대감으로
실망하고 분노하고 힘들어하고 있다면
사람은 누구나 약하고 실수 많은 존재임을 기억하며
사람에 대한 기대치를 조금씩 낮추기 시작하십시오.

너무
바라지마라

사람에 대한 기대치를 내려놓았을 때
마음의 여유도 생기고
사람과의 관계도 편안해지기 시작합니다.

기대가 낮으면 낮을수록
관계는 더욱 편안해지고
인생은 더욱더 행복해집니다.

상처 많은 사람 대처하는 법

마치 고슴도치인 것 같습니다.
가까이 가면 가까이 갈수록
그의 뾰쪽하고 날카로운 말과 행동이
가슴을 깊숙이 찌르고 아프게 합니다.

고슴도치

얼마나 함부로 말하고 행동하는지
얼마나 다른 사람에게 상처를 주고 있는지
자신은 잘 모르는 것 같습니다.
매사에 비꼬는 듯이 말하고
조그만 일에도 언성이 높아지며
짜증과 분노를 폭발하고 위협적으로 행동합니다.
도무지 불안해서 못 살겠습니다.

마치 자기 세계에만 빠져 사는 것 같습니다.
자기가 듣고 싶은 이야기만 듣고, 하고 싶은 말만 하고
자기가 생각하는 대로 거침없이 행동합니다.
다른 사람의 말조차 자기 식으로 해석해서 공격하기 일쑤입니다.
다른 사람의 마음이 다치는지는 전혀 생각지도 않고
오히려 자기가 피해자라 생각하고
그래서 언제나 억울해하고 주변 사람들에게 분노만 품고 있으니
더 미칠 노릇입니다.
그의 곁에 머무르면 머무를수록
마음속에 분노만 커지고 상처만 깊어갑니다.
정말이지 도저히 감당이 안 됩니다.

왜 자기밖에
모를까?

마음의 상처가 많고
그 상처가 치유되지 않은 사람을 만났을 때
씨름하는 우리들의 모습입니다.

어느 누구도 완벽한 조건에서 태어나
완벽한 환경에서 자랄 수 없기에
우리는 성장하면서 자신이 처한 환경에서 고통을 느끼기도 했고
가족과 선생님, 친구에게 사랑받지 못해
상처를 경험하기도 했습니다.

아버지의
술냄새

자꾸 수군 수군

지배자였다

엄마가
사라졌다

홀로 남겨진…

넌 문제야

헤어졌습니다

아무도
나랑 놀기
싫어해

나만 미워해!

문제는 그렇게 경험한 고통과 상처로 인해
그 사람 특유의 감정 패턴이 생긴다는 점입니다.

내가 만나고 관계를 맺고 있는 사람 중에
불쑥불쑥 화를 자주 내는 사람이 있습니까?
진심 어린 충고를 비난으로 여겨
진실한 말을 못하게끔 장벽을 치는 경우는요?
앞에서는 괜찮다 하고 뒷얘기를 합니까?
조용히 침묵하던 사람이 갑자기 그만둔다 하여 당황한 적이 있습니까?
모두 부정적인 감정 패턴을 가지고 있는 사람들입니다.

뭔지 모르지만 치유되지 않은 상처가 있고
심한 고통을 겪었으며, 감춰진 슬픔이 있는 사람들입니다.
사랑받지 못했거나, 거부당한 경험이 있거나
심각하게 위협을 느낀 환경 속에서
오랫동안 살았을 수도 있습니다.

어두운 기억

사랑받지 못한
사람

상처투성이

문제는 그렇게 아픔이 있고 상처가 깊은 사람을 만나
인연을 맺고 관계를 유지해가는 것이
도를 닦는 수준의 인내심을 요할 만큼
힘겨울 때가 많다는 것입니다.
황당하고 당황스럽고 분노가 치밀어오기 일쑤니까요.

정상이 아니다

상식 밖

죽어도
이해가 안 가는
그 인간

나를 미치게 하는 너

쓰레기!

사실 그들은 상처로 인해
자신의 마음을 헤아리는 능력도
다른 사람의 아픔을 공감할 수 있는 능력도
이미 잃어버렸습니다.
그래서 자신의 상처가 깊다는 것을 인식하지 못한 채
주변 사람들을 불편하게 하고, 다치게 하며
결국 관계를 유지하지 못하고 떠나가게 만들어버립니다.

그러니 그런 상처가 많은 사람을 만나 관계를 풀어갈 때는
먼저 그 사람이 가지고 있는 감정 패턴부터 파악하는 것이 중요합니다.
그렇게 그를 파악했을 때
그의 생각, 감정, 행동을 그냥 그대로 받아들이고
조금은 더 여유 있게 대처할 수 있게 되어
그로부터 나를 지키고, 그와의 관계를 지킬 수 있기 때문입니다.

그가 자주 보이는 감정적 신호들을 살피십시오.
대화의 내용과 말투, 표정, 행동을 점검하십시오.
말을 하지 않습니까?
대화를 할 때 눈을 잘 맞추지 않습니까?
흥분하면 목소리 톤이 달라집니까?

그의 지배적인 감정이 무엇인지도 살피십시오.
짜증과 신경질이 많거나 자주 삐지나요?
불안하고 늘 우울한가요?
다른 사람과 자꾸 비교하고 자기비하와 열등감을 드러내나요?
남들에 비해 심하게 외로워하고 소외감을 자주 느끼나요?
활기 있다가 금세 의기소침해지는 일이 잦나요?

그는 자신의 감정을 말로 표현할 줄 압니까?
혹 말은 하지 않지만 행동과 분위기로 감정을 나타내나요?
'짜증나' '열 받았다'는 얘기를 입에 달고 다니는지...
분명 화가 난 것 같은데 말로는 '화나지 않았다'고 하지는 않는지...
말은 하지 않지만 얼굴에 불편한 심기가 드러난다든지요.

욱 하는 성질

툭하면
화부터 낸다

안절부절

항상
눈치 봐

움츠러들다

삐딱하다

유혹에
약하다

더욱
집착하다

강박증

조급하고...
충동적이고..

투덜투덜

항상
남의 탓만 하다

자꾸 도망가

연락두절

믿어도 될까?

의심이 많은
사람

무기력

낯가리다

사소한 일에도
상처를 입는다

매사 부정적이고 뒤틀린 해석을 하는지도 눈여겨보십시오.
혼자 생각하고 혼자 결론을 내리나요?
진심을 받아들이지 못하고, 왜곡해서 자기식대로 해석하나요?

이러한 말과 행동 감정 변화를 통해 발견한 그는
어떤 감정 패턴을 가진 사람입니까?

그의 감정 패턴을 파악했으면
더는 그의 말과 행동 하나하나에 반응하며
마음을 어지럽히지 마십시오.
함부로 말하고, 거침없이 행동하고
힘든 상황이면 남을 탓하고 환경을 탓하는 그의 태도에
상처받지 않도록 조심해야 합니다.

그에 대한 분노와 미움으로 고심하는 대신
'뭔가 되게 힘들었나보다...'
'어떤 환경에서 자랐기에 지금의 저 모습이 된 거지...'라고
그의 숨겨져 있는 상처를 가늠해보며
마치 제삼의 인물을 바라보듯이 거리를 두고
가능한 한 여유 있게 반응하십시오.

되게 힘들었나보다 ...

어떻게 자랐길래 ...

그런 뒤에 그의 극단적인 말과 행동 속에
숨겨진 그의 진짜 감정이 무엇인지 감지해 보십시오.
그의 말과 행동에는 두려움, 불안감, 분노, 외로움, 죄책감
오래된 슬픔이 꽁꽁 감춰져 있을 수도 있습니다.

일상에서 보이는 그의 감정 패턴을 파악하고
상처받은 존재로서 그를 객관적으로 바라볼 수 있을 만큼
감정적인 거리를 유지할 수 있을 때,
그의 거칠고 미숙한 말과 행동에
좀 더 여유 있게 대처할 수 있게 되고
그와의 관계에서도 내 마음을 지킬 수 있습니다.

거리를 둬!

그만큼의 거리에서

면역력을 길러!

감성치유 8코스

소통

진심으로 소통하기

상대방과 좀 더 가까워지고 싶고
서로 신뢰할 수 있는 관계를 이어가길 원한다면
먼저 그의 말을 들을 줄 알아야 합니다.
상대방의 말을 듣는 것에서 진정한 소통이 시작되고
독립된 존재로서 관계 맺기가 시작되기 때문입니다.
상대방의 말을 듣는다는 것은
수동적으로 그저 단순히 낱말 그대로의 의미인
'들어주는 것'을 뜻하는 것이 아닙니다.
상대방에게 적극적으로 관심을 갖고
그의 내면 깊숙이 있는 마음의 소리를 듣고
가슴으로 느끼는 것을 의미합니다.

긍정의 화법으로 대화하기

어떻게 저렇게 한마디 한마디가
가슴을 후벼파고 신경을 곤두서게 하는지 모르겠습니다.
좋은 말도 있건만...
좋은 말로 해도 알아 들건만...
비꼬고 삐딱하게 얘기해야 직성이 풀리는 건지...

존중이라곤 눈곱만큼도 없습니다.
긍정적으로는 전혀 받아들이질 못하는 것 같습니다.
쿨하게 인정할 건 인정하고   삐딱하게
받아들일 건 받아들이고
아닌 건 아니라고 얘기하면 되건만
입만 열었다 하면 처음부터 끝까지
투덜투덜 불평불만과 사람들에 대한 비난만 쏟아내니
그의 거칠고 부정적인 말을 듣기가
부담스럽고 피곤할 지경입니다.

그래서 그와 대화를 한 후에는
항상 마음이 불편하고 기분이 나쁩니다.
처음에는 감정의 촉을 건드린 것처럼
신경이 곤두서고 날카로워졌다면
이젠 짜증이 나고 분노가 치밀어 오릅니다.
왜 매번 이런 불쾌함과 모멸감을 느껴야 하는 건지...
정말이지 그와 만나는 일,
웬만하면 만들고 싶지 않습니다.

'아' 다르고 '어' 다르다는 말이 있습니다.
같은 의도로 하는 말이어도
어떻게 말하느냐에 따라
마음이 열리고, 호의를 갖게 되기도 하고
마음이 닫히고, 분노가 치밀어오르기도 합니다.
밝은 말 한마디가 기분을 풀어주기도 하지만
무례한 말 한마디가 싸움의 불씨가 되기도 합니다.

솔직하게 얘기하되
다른 사람의 마음이 다치지 않게
최소한의 예의를 지키면서
부드럽게 말하는 습관을 길러야 합니다.
"그렇게 해!"라는 투로 명령하듯 강요하듯 얘기하지 마십시오.
"제 생각은 이런데 어떠세요?"
"이렇게 하는 것이 어떨까요?"라고 의견을 묻고 부탁하십시오.
다른 사람의 마음을 살피고
입장 바꿔 생각해보고
그의 입장과 의견을 존중하면서
부드럽게 얘기하십시오.

아 다르고 어 다른 말

말은
함부로 하라고 있는 게
아니에요

나만 모르는
내 말버릇?

가시가 있다   뜨끔뜨끔   건방진 말투

무례하게

명령하듯   중간중간 반말해

노골적

거침없이

은근히 무시해

매사에   비난도
삐딱하게

욕설이...

더불어 자기 자신의 화법을 점검해볼 필요도 있습니다.
내가 말하는 스타일, 어투, 자주 쓰는 단어 등이
다른 사람의 마음을 상하게 하는 건 아닌지
조심스럽게 살펴야 합니다.

더 자세히 알고 싶다면
용기를 내서 믿을 만한 사람에게 물어보십시오.
내 말투로 기분 나빴던 적이 있었는지
감정이 상한 적이 있었는지를요.
만일 그 사람이 내가 자각하지 못한 점에 대해 충고를 한다면
겸허히 받아들이십시오.
그리고 하나씩 고쳐나가십시오.

말이 긍정적일 때 마음이 부드러워지고
관계도 부드러워집니다.

내 말에
상처 받았니?

사실대로 말해줘

어떠한 상황에서도 막말만은 하지 않기

이 세상에 같은 사람은 단 한 사람도 없습니다.
모두 다 생김새가 다르고, 성격이 다르고
가치관이 다르고, 살아온 과정이 다릅니다.
이렇듯 서로 다른 사람들이 어울려 살아가는 과정에서
마찰이 생기는 것은 어쩌면 필연적이라고도 할 수 있습니다.
특히 부부, 부모와 자녀, 형제, 친구, 연인, 직장 동료, 상사와 부하 직원 등과 같이
가장 가까이에서 서로 부대끼며 살아가는 사람들 간에는
마찰 빈도가 더욱 잦을 수밖에 없습니다.

"당신은 왜 매사가 그런 식이야?"
"그런 당신은 완벽한 줄 알아?"

나는 당신과
생각이 다르다

이렇게 시작된 말다툼은 점점 언성이 높아지더니
급기야 서로의 약점을 건드리며
함부로 해서는 안 될 막말까지 쏟아내기 시작합니다.
앞뒤 생각 없이 자기 감정에 못 이겨
마치 고삐 풀린 망아지처럼
상대방의 가슴에 비수를 꽂는 말들을 내뱉습니다.

의견 충돌

갈등

함부로 내뱉는 막말은 독화살과도 같습니다.
화살을 다시 되돌릴 수도 없고
상대방에게 치명적인 상처를 주기 때문입니다.
감정이 격한 순간에 뱉어버린 말 한마디가
상대방의 가슴 속에 꽂혀
평생의 상처로 남는 경우가 많습니다.

싸움

그렇게 돌이킬 수 없는 깊은 상처를 남긴 채
때때로 다시는 건널 수 없는 강을 건너기도 합니다.
나중에 아무리 후회해도 소용이 없습니다.
다시 화해한다 해도 그전처럼 잘 복구되지 않습니다.
가슴 속에 응어리가 되어 서로에 대한 신뢰는 사라지고
서로의 간격은 이미 멀어져버렸기 때문입니다.

물론 사람인지라 화가 나면 무슨 말이든 할 수 있습니다.
그렇지만 적어도 상대방과의 관계를 이어가고 싶고
자신의 삶을 온전히 지켜내고 싶거든,
아무리 화가 나고 감정이 상해도
할 말 못 할 말은 가려야 하는 것입니다.
막말에는 사랑도 용서도 기대하기 어렵기 때문입니다.

그러니 아무리 상황이 어렵게 흘러가고
사람 때문에 감정이 상하고 힘들어도
한순간 마음에서 이는 악감정을 말로 토해내지 마십시오.
마음이 들끓고 격동이 일면
차라리 그 자리를 피해버리거나
마음속으로 하나에서 다섯까지 세고 침묵하며 그 순간을 넘기십시오.
그 길만이 나를 지키고 다른 사람들을 지키며
사람과의 관계를 지킬 수 있는 길입니다.

심장에 꽂히는 말
말이 아프게 한다

최소한의
예의가 필요하다

9센티미터 밖에 안 되는 혀가
인간관계를 좌우하고 인생을 좌우합니다.
인생의 비극도, 인생의 희극도
혀끝에서 시작됩니다.

'미안하다' '감사하다'는 말 아끼지 않기

얼마 전에 버스를 타고 가던 중에
50대 후반쯤으로 보이는 머리가 희끗희끗한 남성 분이
제 발을 밟았습니다.
아니 잠깐 밟은 것도 아니고 계속 밟고 있었습니다.
깜짝 놀라 발을 치워주실 줄 알았는데
계속 밟고 있는 것이었습니다.
'아니, 이렇게 모를 수도 있나...' 생각하면서
손가락으로 발을 가리키며 밟았다고 신호를 보냈습니다.
금방 못 알아듣는 눈치였습니다.
세 번째 얘기하는 중에 알아듣고 발을 치우셨습니다.
그러면서 "아이고 발을 밟고 있었네... 발이 납작해졌겠네..."라고 얘기할 뿐
끝까지 미안하다는 말은 하지 않는 것이었습니다.
곧 내려야 하는 정류장에 도착해서 버스에서 내렸지만
두고두고 불쾌하고 기분이 나빴습니다.

일부러 그런 건 당연히 아니고 실수였을 겁니다.
감각이 둔해서 늦게 알아차렸을 수도 있습니다.
그렇지만 실수로 다른 사람에게 피해를 입힌 사실을 알았다면
당연히 미안하다고 사과부터 해야 하는 것입니다.
미안하다고... 몰랐었다고... 얘기해야 하는 것입니다.

미안합니다...

미안해, 몰랐어...

우리는 유난히 미안하다는 말에 인색합니다.
길을 가다가 어깨를 부딪치고도 미안하다는 말 한마디 없습니다.
부부 간에도 부모자식 간에도 미안하다는 말 한마디면
마음의 체증이 풀리고 상황이 풀어져버릴 텐데
끝까지 미안하다는 말을 하지 않아 마음의 앙금을 만들고
상황도 어렵게 만들어버리곤 합니다.

어쩐지
쑥스러워서 …

하루에도 우리는 여러 상황들을 겪고
그안에서 많은 말들을 주고받으며 살아갑니다.
그런데 정작 미안하다는 말, 감사하다는 말에는
어색하고 익숙하지 않은 것이 사실입니다.
돌이켜 생각해보면
어린 시절부터 자신의 감정과 느낌을
자연스럽게 표현하는 것을 허용하지 않는 분위기였고
오히려 표현하는 것을 부끄럽게 여기고
심지어 열등하게까지 인식했던 한국 문화의 영향이 큽니다.
그런 사회 분위기 속에서 성장했기에
감정을 표현하는 것 자체가 서툴고
미안하다는 말, 감사하다는 말에도 익숙하지 않은 것입니다.

그래서 미안한 상황에서도 오히려 화를 내며
상대방을 비난하는 식으로 표현할 때가 많습니다.
감사한 상황에서도 그저 쑥스럽고 거북스럽게만 느껴져
정작 감사하다는 말을 하지 못하는 것이 사실입니다.
가족과 같이 가까운 사람들에게는 더더욱 그렇습니다.

223

이제라도 '미안합니다...' '감사합니다...'를 연습해야 합니다.
미안하다는 말, 감사하다는 말을 아끼지 말아야 합니다.

내가 실수했을 때는 망설이지 말고
'미안합니다...'라고 말하십시오.
다른 사람이 고마울 때에는 주저하지 말고
'감사합니다...'라고 표현하십시오.

미안하다는 말은 걷잡을 수 없는 분노를 가라앉히고
감사하다는 말은 가슴 깊이 느껴지는 행복감을 키워줍니다.
이렇듯 미안하다는 말, 감사하다는 말은
서로의 마음을 풀어주고, 관계를 여유 있게 만들어주는
강력한 에너지를 지니고 있습니다.
그러므로 미안하다고... 감사하다고... 표현하면 표현할수록
서로 간에 마음은 가벼워지고, 관계는 가까워지며
인생은 더욱 행복해지게 되는 것입니다.

진정한 삶의 용기는
거리낌 없이
미안함과 감사함을 표현하는 것에서부터
출발합니다.

정말 고마워

다른 사람 얘기 진심으로 들어주기

상대방과 좀 더 가까워지고 싶고
서로 신뢰할 수 있는 관계를 이어가길 원한다면
먼저 그의 말을 잘 들을 줄 알아야 합니다.
상대방의 말을 들어주는 것에서 진정한 소통이 시작되고
독립된 존재로서 관계 맺기가 시작되기 때문입니다.

상대방의 말을 들어준다는 것은
수동적으로 그저 단순히 낱말 그대로의 의미인   *듣는 것*
'들어주는 것'을 뜻하는 것이 아닙니다.
상대방에게 적극적으로 관심을 갖고
그의 내면 깊숙이 있는 마음의 소리를 듣고   *소통의 시작*
가슴으로 느끼는 것을 의미합니다.
그래서 들어준다는 것은 함께 공감한다는 것이고
그가 느꼈던 고통과 아픔을 나누는 것을 의미하기도 합니다.

사실 제가 하는 감성치유 활동을 한마디로 얘기한다면 '들어주는 일'입니다.
나를 찾아가는 여정의 동행자가 되어
그동안의 살아온 이야기를 들으면서
다른 사람의 말을 듣는 것이
얼마나 사람과 사람 사이의 거리를 좁혀주는지...
얼마나 사람의 마음을 회복시키고
그 존재감을 살아나게 하는지...
절실하게 느낄 때가 많습니다.

유미 씨도 그녀 마음의 이야기를 들어주고
공감해주는 단 한 사람이 없어, 마음의 문을 닫아버리고
1년 넘게 가족들과의 대화도 거부한 채
자기 방에 틀어박혀서 지냈던 대학 휴학생이었습니다.
온종일 방에 틀어박혀 혼자 있다가
가족들이 모두 잠든 새벽에
거실에 나가 소파에 앉아 소리없이 울다가
아침이 가까우면 다시 입을 닫아버린 채
자기 방으로 들어가버린다는 것이었습니다.

무엇이 인생에서 가장 빛나는 시절의 청춘을
스스로 가두어버렸는지 안타까운 마음이 들었습니다.
마이스토리를 진행하면서
그녀가 심정적으로 감당하기 힘든 많은 일들을 겪었지만
진심으로 그녀의 이야기를 들어주고 같이 공감해준 사람이
아무도 없었다는 것을 알 수 있었습니다.
그녀의 이야기를 진심으로 들어주는 한 사람만
그녀의 주변에 있었더라면...
긴 시간 동안 그렇게 절망 속에 살진 않았을 텐데...
안쓰러운 마음이 들었습니다.

진심으로

얘기를 들어줄
단 한 사람이 있다면...

당신은 다른 사람의 말, 잘 들어주고 있습니까?
혹시 다른 사람이 말할 기회가 없을 정도로
계속 자신의 얘기만 하고 있지는 않나요?
다른 사람에게 말할 기회를 주긴 하나
상대방이 이야기할 때 집중하지 않고
딴 생각을 하지는 않지요?
다른 사람이 말을 시작하여 미처 다 끝나기도 전에
툭 끼어들어 결국 내가 마무리하는 경우는 없습니까?
자신이 어떤 상태인지 꼼꼼히 체크해볼 필요가 있습니다.

죽어라 말 안 듣는 사람

자기 말만 하는 사람

다른 사람과 가깝고도 진실한 관계 맺기를 원한다면
다른 사람의 말에 귀 기울이십시오.
부모, 자식, 남편, 아내, 상사, 부하 직원, 친구...
그 어떤 인간관계에서든
내가 먼저 귀 기울이고 듣는 자세가 중요합니다.

들을 때에는 내 시각으로 이렇다 저렇다 판단하지 말고
상대의 눈을 보며 그가 하는 말을 집중해서 들어주십시오.
누군가가 자신의 이야기를 들어주는 것은
상대방으로 하여금
'이 사람은 나를 소중하게 여겨주는구나...'
'그래도 내가 가치 있는 존재구나...'라고 느끼게 하여
자신의 존재감과 가치감을 키워주는 효과가 있습니다.
내 말부터 앞세우지 말고, 상대의 말을 주의 깊게 들어주면
상대방은 자연스럽게 마음을 열게 되고
서로의 관계는 가까워지게 됩니다.

돌이켜보면 우리는 다른 사람의 말을 들어주는 법을
배운 적이 없습니다.
듣는 것보다는 오히려 자기 얘기를 전달하는데 더 관심이 많고
더 많은 노력을 기울이는 것이 사실입니다.
그래서 다른 사람의 말을 듣는 것 자체가 익숙하지 않고
다른 사람의 얘기를 듣는 잠깐의 순간조차도
듣는 것에 온전히 열중하기보다는
마음속으로 옳다, 그르다 자기 방식으로 판단하고 있거나
상대방의 얘기가 끝난 뒤에 내가 할 얘기를
마음속으로 정리하고 있는 경우가 더 많습니다.

다음엔 뭐라고
말하지?...

그렇지만 다른 사람과 대화할 때는 딴생각을 하거나
대화 외에 다른 일을 병행하지 않도록 조심해야 합니다.
내가 말을 하고 있는데 상대방이 멍한 눈빛을 하고 있거나
중간중간 전화를 받고, 문자를 보내거나, 서류를 체크한다면
산만하면서도 무성의한 느낌을 받을 것입니다.
상대방도 마찬가지입니다.
내가 대화 도중에 다른 일을 하면
상대방은 함께 대화를 하는 자신과 그 시간을
존중받지 못하고 무시당한다고 느낄 것입니다.

딴생각

딴짓

그리고 상대방의 얘기를 들어주면서 반드시 기억해야 할 것은
'뭔가 해법을 말해야 한다'는 강박관념에서 벗어나라는 것입니다.
누군가 나에게 그가 직면한 상황과 문제
그 과정에서 느끼는 감정들을 얘기한다고 해서
그가 나에게 꼭 어떤 해법을 기대하는 것은 아닙니다.
그는 그저 자신의 말을 들어줄 수 있는 누군가가 필요한 것입니다.
마음이 답답하고 힘들어서
누군가에게 털어놓고 싶어 얘기한 것인데
그 상황에서 이렇게 저렇게 하라는 식으로
충고나 해법 중심으로 말해버리게 되면
상대방은 공감을 느끼지 못한 채 소외감은 깊어지고
나에 대해 거리감과 서운함을 느끼게 되어
서로의 관계가 오히려 소원해지고 멀어질 수 있습니다.

대부분의 경우 사람들은
누군가에게 상황과 심정을 얘기하면서
어떻게 해야 할지 스스로 깨닫습니다.
그러니 그가 지금의 상황에서 어떤 감정을 느끼고 있는지
무엇 때문에 힘들어하고
진심으로 원하는 바가 무엇인지를 스스로 찾아갈 수 있도록
먼저 온마음으로 들어주는 것이 더 중요합니다.
다른 사람이 우리에게 얘기하면서 우선적으로 바라는 건
해법이 아니라 공감이기 때문입니다.

끄덕끄덕!

그랬구나…

온전히 다른 사람의 말에 귀 기울이고
그의 말을 들어주는 것은
그의 마음을 들어주고 그의 존재를 받아들이는 일입니다.
그래서 상대방의 이야기를 들어줬을 때
서로가 소중한 존재임을 느끼게 되고
마음을 나눌 수 있는 친밀하고도 진실한 인간관계를
만들어가게 되는 것입니다.

친밀하고 진실한 인간관계의 기초는
먼저, 다른 사람의 말을 잘 들어주는 데 있습니다.

그냥, 들어 ~

마음으로

들어주는 만큼 자란다

감성치유 9코스

실천

일상에서의 감성치유법

어두운 마음, 무거운 마음, 어수선한 마음을 떨쳐버리고
밝고, 가볍고, 평온한 마음으로 살아가고 싶은데
어둡고 무겁고 어수선한 상태에서 좀처럼 벗어나질 못합니다.
이 장에서는 언제, 어디서나, 누구나
쉽게 실천할 수 있고
실천했을 때 금방 효과를 체험할 수 있는
일상에서의 감성치유법에 대해 얘기합니다.

다 지난 일인데도 아직도 마음이 아픕니다.
닥쳐버린 현실에 대한 걱정과 근심, 불안까지 더해져
온갖 상념에 시달립니다.

생각하고 또 생각하고...
생각에 따라 부정적인 감정에도 깊이깊이 빠져듭니다.
어두운 마음, 무거운 마음, 어수선한 마음
모두 떨쳐버리고 밝고 가볍고 편안해지고 싶은데
참 의지대로 안 되는 것이 사람 마음입니다.

어둡고 무거운 마음을 털어내고
밝고 가벼운 마음으로 살아가기 위해서는
매여 있는 생각의 나선에서 빠져나올 줄 알아야 합니다.
계속되는 감정의 흐름을 끊어버릴 수 있어야 합니다.

생각의
집착을
끊어라

감정의
흐름을
끊어라

일상을 살아가면서
너무 생각에 빠져들고 감정에 매여버려
마음이 무겁고 어수선하게 느껴질 때에는
생각과 감정의 흐름을 끊어
생각 전환, 기분 전환을 시키는 것이 중요합니다.

이때 가장 쉽게 생각과 기분을 전환시켜줄 수 있는 방법은
지금 머물고 있는 그 장소를 벗어나는 것입니다.
계속 같은 공간, 상황, 환경에 머무르게 되면
생각과 감정의 흐름이 그대로 지속되어
부정적인 생각은 더욱 커지고
무거운 감정은 더욱 깊어지게 마련입니다.

그러니 새로운 장소로 이동함으로써
무거운 분위기를 떨쳐버릴 필요가 있습니다.
바로 이 점이 산책을 일상화해야 하는 이유인 것입니다.

머물고 있는 장소에서

벗어나라!

그래서 저도 시시때때로 밖으로 나가 주변을 돌아다닙니다.
일로 인한 피로감이 쌓일 때에도,
인간관계 때문에 고민스러울 때에도,
외로움이 깊어 마음이 스산하고 우울해질 때에도,
무작정 밖으로 나가 걷습니다.
신선한 공기를 쐬며 지나다니는 사람들도 보고
동네 풍경도 보면서 한 시간 정도 걷다보면
머릿속에 꽉 차있던 생각과
매여 있던 감정으로부터 조금씩 빠져나와
머릿속에도 마음에도 공간이 생기면서
조금씩 여유를 찾아가는 것을 느끼게 됩니다.

● 무작정 밖으로!

일상을 살아가면서 너무 생각에 빠져들고
감정에 매여 있다는 느낌이 들 때가 있습니까?
지금 머물고 있는 그 자리에서 나와 주변을 걸으십시오.
수시로 산책하며 몸과 마음의 컨디션을 조절하십시오.
복도, 뒷마당, 도심 속 인도, 동네 골목길, 아파트단지 사잇길, 공원길...
산책의 장소는 특별하지 않아도 됩니다.

타박타박 ●
● 골목길을 걷다

도심 속에 있든, 자연과 가까이 있든
지금 머물고 있는 공간의 주변을 걸어다니며
동네 수퍼마켓을 오가는 사람들의 정겨운 말소리,
말끔하게 정돈된 편의점의 분주함,
경쾌한 음악이 흐르는 카페의 정경과 그윽한 커피향,
길가의 나무, 꽃, 풀, 바람, 하늘, 구름...
주변의 풍경과 분위기를 즐기며
바깥의 시원한 바람을 온몸으로 느끼십시오.

맑은 날은 햇빛을 즐기고
비 오는 날은 차분한 정취를 느끼면서 천천히 걸으십시오.
한적한 곳에서는 신발을 벗고 맨발로 걸어보는 것도 좋습니다.
발바닥이 땅에 닿을 때의 감촉을 느껴보십시오.
말랑말랑한 땅기운이 온몸에 스며드는 느낌이 어떻습니까?

이 골목 저 골목을 슬렁슬렁 배회해보기도 하고
여기 기웃 저기 기웃
타박타박 걸어다니며 여유를 찾아가십시오.

머물고 있던 장소에서 벗어나
새로운 풍경을 보고, 소리를 듣고, 냄새를 맡으며
낯선 사람들과 마주치며 걷는 것은
매여 있던 생각과 감정에서 벗어나게 하고
움츠려 있던 감각을 일깨워
밝고 경쾌한 기운이 마음속에 다시 차오르게 해줍니다.

산책은 언제, 어디서나, 누구나 쉽게 시도할 수 있고
금방 효과를 경험할 수 있는 감성치유법입니다.

햇빛 아래
걷다

마음을 풀어내는 일기 쓰기

일상에서 자신의 마음속 깊은 곳의 진심을 볼 수 있고
자신도 모르게 마음속에 쌓인 응어리를
자연스럽게 풀어버릴 수 있는 방법은
솔직하고 발칙하게 일기를 쓰는 것입니다.

일기를 쓴다는 것은 글쓰기를 통해
하루하루 자신의 생각과 감정을 표현하면서
부정적인 감정을 분출하고 해소시킨다는 것을 의미합니다.

그래서 최근 들어서는
'마이스토리'를 일대일로 진행하는 경우
지금까지 내가 살아온 이야기인
마이스토리를 정리해가는 것과 더불어
그날그날 살아가는 자신의 이야기인
일기 쓰기를 같이 시작하곤 합니다.

이제까지 살아오면서 흘려버리지 못한 채
마음에 쌓여 있는 감정들을 흘려보내는 것도 중요하지만
일기 쓰기를 통해 그날그날의 감정을 흘려보내는 연습을 하고
일기 쓰기가 자연스럽게 습관으로 배어서
일상에서 스스로 자신의 감정을 정화시킬 수 있는 방법을 터득하는 것이
감성을 치유하고 마음의 건강을 유지하는데
더불어 중요하기 때문입니다.

처음에는 일기 쓰기의 과제를 부담스러워하고 귀찮아합니다.
그렇지만 과정이 끝날 즈음에는
자신의 감정을 파악하고 감정을 정화시키는데
매우 효과적임을 모두들 부정하지 못합니다.

사실 우리는 대부분 일기 쓰기에 대한 싫은 기억을 가지고 있습니다.
착한 일과 반성할 일을 구분해서 쓰게 한 형식화된 일기장,
숙제로 매일 선생님께 검사를 받았던 기억들,
혼자만의 비밀이라 여기고 썼는데 어느 날 보니
부모님과 언니 오빠까지 다 알고 있어 부끄러웠던 경험과 같은
추억들이 솔직하게 일기 쓰는 것을 어렵게 했습니다.
그래서 우린 대부분 지금까지
일기를 쓰며 있는 그대로의 나를 드러내고
여과 없이 솔직하게 마음을 기록하는 것에 대한
부담을 갖고 있습니다.

진실의 전부를
보일 수 없다

이젠 그런 기억을 모두 내려놓고
솔직한 마음으로 일기 쓰기를 시도해보십시오.
예쁜 그림이 곁들여진 노트에 써도 좋고
핸드폰이나 미니홈피, 홈페이지 다이어리, 이메일 등과 같은
전자기기나 온라인을 활용해도 좋습니다.

선생님이 보니까...

혼날까봐...

단, 형식에 구애 받지 마십시오.

잘 쓰려고 애쓰지도 마십시오.

'난 문장력이 없는데…' 하며 두려워할 필요도 없습니다.

단어만 나열해도 좋습니다.

마음의 부담을 내려놓고 생활 속에서 느낀 대로

감정과 그 감정의 흐름을 마음껏 적나라하게 적어보십시오.

처음에는 글을 쓴다는 것 자체가

부담스럽고 어렵게 느껴질 수 있습니다.

오랫동안 글을 쓰지 않았거나

문자 메시지, 한 줄짜리 댓글, 이모티콘에 익숙한 터라

글을 써가며 내 감정을 표현한다는 것이

다소 서투르고 어색할 수도 있습니다.

그럴 땐 오늘 하루 시간의 흐름을 더듬어

차근차근 되짚어 보십시오.

'아침에는 무얼 했지?' '점심은 누구랑 먹었지?'

'오후에 누구를 만나서 어떤 얘기를 나눴지?'

'누구한테 전화 받았더라?'

그렇게 하루 일과를 떠올리며

그때그때의 감정들을 기록하십시오.

도대체 네가 뭔데?

뭐 그런 게 다 있냐…

확! 떨어지거라

오늘 갔었던 장소를 더듬어보는 것도 좋은 방법입니다.
'오늘 처음으로 방문한 곳은?' '버스에서 내려 들렀던 곳은?'
'오늘 가장 오랜 시간을 보낸 곳은?'
오늘 하루의 동선을 마치 영화처럼 머릿속에 떠올려보십시오.
그곳에서 내가 한 일과 만났던 사람을 생각하고
어떤 감정을 느꼈는지 써내려가십시오.
이렇게 하다보면 감정이 자연스럽게 발산되면서
스트레스가 해소되고 마음이 한결 가벼워지게 됩니다.

일주일, 한 달, 일 년
일기 쓰기가 몸에 밸수록 좀 더 편안해지고
여유로워진 자신의 모습을 발견하게 될 것입니다.

편안해지는 연습

더불어 나를 돌아보게 하고
나의 미숙한 행동방식은 바꾸게 하여
다른 사람들과의 관계를 조화롭게 유지할 수 있는 힘도
생겨나는 것을 느낄 수 있을 것입니다.

일기 쓰기는 마음을 추스르고
관계를 풀어가는 힘을 키워주는 감성치유법입니다.

툭! 터놓고 씹으니
시원~하다

힐링다이어리

'마이스토리'를 정리하며 고여 있는 감정 흘려보내기

처음 마이스토리 작업을 시작하게 된 동기는
제 자신의 상처를 치유하기 위해서였습니다.

모든 것이 무의미하게만 느껴졌습니다.
딱히 하고 싶은 일도 없었습니다.
점점 사람이 무기력해지면서 매사에 자신이 없어지고
우울한 상태가 계속되었습니다.
머리는 항상 무겁고 가슴은 답답한데
뭐가 문제인지... 뭘 어떻게 해야 하는지...
통 갈피를 잡을 수가 없었습니다.
혼란스러운 상태가 계속되었고
하루하루가 고통스러웠습니다.

답답한 마음에 무작정 뛰쳐나와
마음 가는 대로, 발길 닿는 대로 돌아다니기 시작했습니다.
그런데 묘하게도 그 발걸음이
내 어린 시절의 삶의 자취를 쫓아가는 것이었습니다.
초등학교, 살았던 동네, 집, 옛 친구들...

어린 시절 다녔던 초등학교에 가 학교 운동장을 걷고
교실에 들어가 내가 앉았던 자리에 앉으니
선생님께서 시킬까봐 앞에 앉은 친구 등 뒤에 숨으며
전전긍긍해 하던 내 모습이 떠올랐습니다.
어린 시절 살았던 동네를 걷고, 살았던 집 앞에 서니
부모님의 잦은 다툼에 숨죽이며

그렇게 무서움에 떨었던 어린 내 모습이 떠올랐습니다.
하나하나 과거의 내 모습들을 떠올리며
내 자신에게 집중하고 나와 마주하는 시간을 갖다보니
하루하루 가슴 졸이며 살았던 내 자신이 너무 안쓰러워
왈칵 눈물이 쏟아졌습니다.
그제야 처음으로 그때 너무 무서웠다고...
또 큰소리가 날까봐 불안했다고...
그동안 너무 힘들었다고...
말하고 있는 내 마음의 소리를 들을 수 있었습니다.
그때 깨달았습니다.
나는 그 누구보다도 내 자신과 마주해야 하고...
먼저 내 자신과 대화해야 한다는 것을요.
그렇게 내가 살아온 이야기
마이스토리를 정리하는 작업을 시작하게 된 것입니다.

자기와의 만남

내 이야기

마이스토리

지나온 내 삶을 정리하면서 느낀 점은
아닌 척했지만... 애써 담담한 척했지만...
내가 겪었던 상황 속에서 갖게 된 상처가
생각보다 깊다는 것이었습니다.

흘려버리지 못한 채 마음속에 쌓여 있는 감정들이 많았습니다.
날마다 계속되는 부모님의 싸움, 엄마의 건강 악화, 가난...
이런저런 상황 속에서 어린 내가 감당하기엔
너무나 큰 불안과 분노, 좌절이 마음속에 켜켜이 쌓여
나를 짓누르고 우울하게 만들고 있었습니다.

늦었지만 어른이 되기까지
많은 상황 속에서의 내 모습들을 찬찬히 떠올리며
그때 느꼈던 감정들을 말로 토해내거나 글을 쓰고
한 컷 한 컷 사진으로 표현해보면서
서서히 흘려보내는 시간을 가졌습니다.

속마음을
꺼내다

처음에는 감정을 떠올리는 것도
감정을 밖으로 드러내는 것도 쉽지 않았지만
내 자신과 마주하는 시간이 점점 쌓여가면서
드러내는 것도 조금씩 편해지고
마음도 점점 가벼워지는 것을 느낄 수 있었습니다.

혹시 머리가 항상 무겁고 가슴은 답답한데
뭐가 문제인지... 뭘 어떻게 해야 하는지...
도무지 감을 잡을 수가 없고 혼란스럽기만 합니까?
내가 살아온 이야기, 마이스토리를 정리하며
자기 자신과 마주하고
자신이 살아온 삶을 되돌아보는 시간을 가지십시오.

누구에게나 지금까지 살아온 이야기, 마이스토리가 있습니다.
마이스토리를 정리하는 작업은
태어나서 지금까지의 삶을 되돌아보며
쌓여 있는 감정을 털어내고
앞으로의 삶을 그려보면서 삶의 방향을 찾고
자신감을 회복해가는 치유의 과정입니다.

마음을 치유하고 삶을 회복할 수 있기에
마이스토리를 정리해가는 시간을 가지라고 하면
대부분 뭘 어떻게 해야 할지 모르겠다는 말을 하곤 합니다.
사진을 사건 중심으로 분류해 스크랩북을 만들든...
포트폴리오를 만들 듯 시기별로 간단히 정리를 하든...
에세이나 시나리오 형식으로 써내려가든...
이제껏 살아온 이야기를 마음이 흘러가는 대로
자유롭게 기록하고 정리하십시오.
문법이나 철자도 신경 쓰지 말고
그냥 마음 내키는 대로, 내 이야기를 마음껏 표현해 보십시오.

그렇게 마음 가는 대로 마이스토리를 정리해가다보면
마음속에서 수많은 감정들이 솟아날 것입니다.
그립기도 하지만, 슬프기도 하고
즐겁기도 하지만, 가슴 한편이 아려오기도 할 것입니다.
특히 내 삶의 무겁고 어두운 부분은
피하고 싶은 마음에 이제까지 그래왔듯이
마음 한편에 묻어두고 무감각해지기를 바랄 수도 있습니다.

그 긴 아픔…

초등학교

제석아 밥 먹어라~

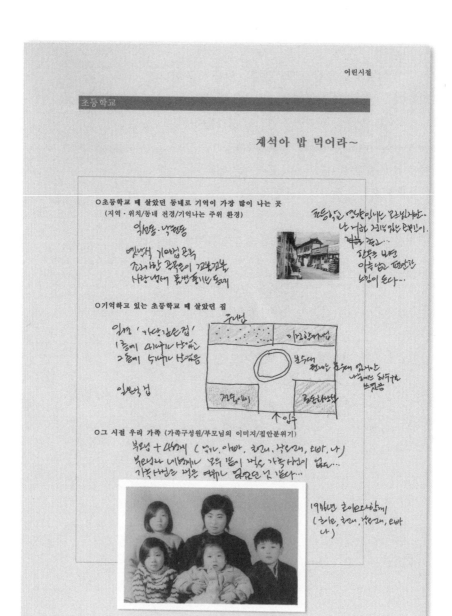

○초등학교 때 살았던 동네로 기억이 가장 많이 나는 곳
(지역·위치/동네 전경/기억나는 주위 환경)

익산·남중동

옛날의 기억일록
조그만 골목들이 기억거리로
사랑넘쳐 흠뻑들이반 동네

초등학교 생년입니까 몬잡거반·
남 어려 기억없는 도막이
먹혀 없고…
학교를 나면
아쉬남과 떠들던
노경이 본다…

○기억하고 있는 초등학교 때 살았던 집

일경 '가락기운은집'
1층에 세너가 낳있고
2층에 누너가 낳있음

일본의 집

○그 시절 우리 가족 (가족구성원/부모님의 이미지/집안분위기)

부모님 + 다섯께 (언니, 아빠, 친근, 남은데, 오빠, 나)
부인나 네째께서 모두 들이 많은 가족사진이 없다…
가족사진을 많은 연가나 담긴언 것 같다…

1986년 모에으다함게
(친언, 친근, 엄은고, 오빠
나)

초등학교

미영아~ 학교 가자

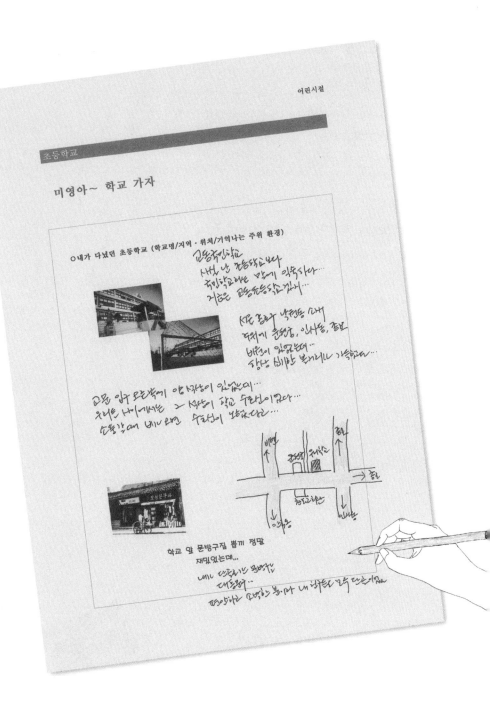

○내가 다녔던 초등학교 (학교명/지역·위치/기억나는 주위 환경)

교동초등학교
내가 난 초등학교4학년
주민학교라도 많기 익숙하다...
거음은 교동초등학교길러...

(서울 종로구 낙원동 5번지
근처기 운현궁, 인사동, 종보
백원이 있었는데...
항상 비만 오거나나 가득하네...

교문 입구 오른쪽기 양사당이 있었는데...
우리들 나에게서는 그 사랑이 학교 수라신이라랐다.
수울같에 내나 오면 수라신이 보였다랐다...

학교 앞 문방구집 뽑끼 정말
재밌었는데...
내나 단춧치는 왜였던
대로웠다...
평양하고 오였는 봄·나 내 남동이 각속 단속어랐네

그러나 그렇게 피하기만 해서는 상처를 치유할 수도 없고
이 세상을 건강하게 살아갈 수 있는 힘을 키울 수도 없습니다.
그러니 고통스러울지라도 아프면 아픈 대로
두려우면 두려운 대로, 그리우면 그리운 대로
느껴지는 감정을 고스란히 표현하십시오.

특히 가장 힘들었던 시절, 크게 상처 받았던 일은
마이스토리를 정리해가며 내 안에서 내보내야 합니다.
그 상황 속에서 느꼈던 무거운 감정들을 흘려보내야 합니다.
왜냐하면 언제 어디서든 나도 모르게 불쑥불쑥 튀어나와
삶을 어지럽히고, 삶을 바닥부터 흔들어놓을 수 있기 때문입니다.

눈을 감고 가장 힘들었던 시절
크게 상처 받은 일을 떠올려보십시오.
그때 어떤 심정이었습니까?
어떻게 이겨내고 오늘까지 살아왔습니까?
그 일은 내 삶에 어떤 영향을 끼쳤습니까?
부정적인 영향은 무엇이고, 긍정적인 영향은 무엇입니까?

시간이 지난 후 돌이켜보니
느껴지는 감정도, 바라보는 시각도, 내 삶에서의 의미도
많이 달라져 있음을 느낄 수 있을 것입니다.

상처 떠나보내기

상처 치유하기

치유되지 않은 상처는
삶을 아프게 만드는 아물지 않은 통증이지만
치유된 상처는
삶을 깊이 있게 만드는 아름다운 흉터입니다.

내 살아온 이야기, 마이스토리를 정리하는 일은
삶의 순간순간 적절하게 표현하지 못해
마음속에 응어리로 남아 있는 감정을 발산시켜서
마음이 안정을 찾아가고 상처를 치유할 수 있도록 도와줍니다.
더불어 인생을 전체적인 흐름 속에서 조망할 수 있게 해줘
앞으로의 삶의 방향을 찾고
다시 시작할 수 있는 의욕과 자신감을 갖게 해줍니다.

마이스토리는
나를 찾아가는 길이자
삶을 치유해가는 치유의 여정인 것입니다.

내 안의 나를 찾아
떠나는
치유 여행

홀로 잠잠한 시간을 가지며 마음 가라앉히기

왜 이렇게 짜증이 나는지 모르겠어요...
다 귀찮기만 해요...
제발 날 좀 내버려뒀으면 좋겠어요...
직장에선 그래도 밖이라
짜증이나도 티를 내지 않으려고 애를 쓰는데...
집에서는 도저히 참을 수가 없어요...
엄마가 걱정이 돼서 묻는다는 것을 알면서도
쏘아붙이기 일쑤예요...
엄마 마음을 모르는 것도 아니고...
사실은 고맙고 미안하기만 한데
막상 얼굴을 보면 짜증만 내게 돼요...
짜증을 내고 나서는 매일 후회하면서도
계속 이러고 있는 내가 너무 싫고 한심해요...

부모님과 함께 살며 직장생활을 하고 있는
35세 싱글 직장인 정수 씨의 얘기입니다.

진짜로
짜증나

제발 좀
내버려둬!

하루하루 쫓기듯 살아가다보면 지칠 대로 지쳐
몸도 마음도 피곤하고 무거운 상태가 되어버립니다.
피곤하다는 것은 예민한 상태라는 것을 의미합니다.
피곤하다는 것은 받아줄 여유가 없다는 것을 의미합니다.

피곤한 상태에서는 속마음은 그게 아닌데
왈칵왈칵 짜증을 부릴 때가 많습니다.
사랑하지 않아서, 마음이 뒤틀려서, 성격이 모나서
짜증을 부리는 것이 아닙니다.
피곤하고 지쳐서 짜증을 내는 것입니다.
어느 누구든 예외가 없습니다.

나... 지쳤어

살면서 일상생활에서 소소히 느낄 수 있는
기쁨과 행복을 느끼지 못한 채
점점 짜증이 많아지고
'도대체 무엇을 위해 이러고 있나' 하는 푸념이
하루에도 몇 번씩 튀어나온다면
잠시 일손을 놓고, 혼자만의 시간을 갖는 것이 좋습니다.

일상에서 벗어나 혼자만의 호젓한 시간을 갖는 것은
몸과 마음의 피로감을 떨쳐버리고, 삶의 리듬을 회복시켜
다시 살아갈 수 있는 에너지를 충전시켜주기 때문입니다.

휴식이 필요해

장소는 조용하게 휴식을 취하면서
자기 자신과 대화할 수 있는 곳이라면
어디든 상관없습니다.
한가하게 홀로 영화를 볼 수 있는 영화관도 좋고,
숲의 싱그러움을 생생히 느낄 수 있는 휴양림도 좋으며,
정겨움이 느껴지는 시골 마을이나,
모래사장이 끝없이 펼쳐진 해안도 좋습니다.
그곳에서 홀로 산책하거나 느긋하게 차를 마시고
조용히 책을 읽으면서 몸을 편안하게 쉬고
마음을 가라앉히는 시간을 가지십시오.

하루만이라도
시간을 가져요

여기서 우리는 이제껏 놓쳐왔던
중요한 사실을 깨달을 필요가 있습니다.
그것은 바로, 우리는 자기 자신을 보살피는 일에
소홀해왔다는 점입니다.
우리는 내 마음의 소리를 듣고
그 소리를 받아들이고 반응하면서
자기 자신을 돌보는 것보다 상황에 따라가는 것을
우선으로 여기는 때가 많았습니다.

그렇지만 내 몸과 마음의 상태를 들여다보고
보살피며 컨디션을 조절해가는 것은
살아가는 어느 순간에서도 가장 먼저 고려되어야 합니다.
왜냐하면 내 삶의 주인공은 바로 나이고
내가 건강하고 여유 있어야
다른 사람에게 건강하게 반응하고 여유 있게 대처하며
그들을 배려할 수도 보살필 수도 있기 때문입니다.

혼자만의 시간

자기 자신을 보살피기 위해
가장 먼저 해야 할 일은 무엇일까요?
홀로 잠잠히 휴식하면서 자기 자신과 대화할 수 있는
혼자만의 시간을 갖는 것입니다.
"괜찮아?" "피곤하진 않아?"
"잘 지내고 있는 거지?"라고 스스로에게 묻고 답하면서
지금의 자신의 상태를 점검하고
지금의 삶에 만족하는지도 체크해 보십시오.

만약 어쩐지 괜찮지 않고
뭔가 불만족스럽게 느껴진다면
왜 그런 기분이 드는지, 무엇이 문제인지를
스스로에게 물어보십시오.
또한 어떻게 하면 몸과 마음의 컨디션이 좋아지고
지금보다 더 만족스러워지고 행복해질 수 있을지
내 마음의 소리를 잠잠히 들어 보십시오.
답은 자기 자신에게 있습니다.

분주한 일상에서 벗어나
혼자만의 호젓한 시간을 갖는 것이
어쩐지 나만 챙기는 것 같고
왠지 주변 사람들에게 피해를 주는 것 같아
마음이 편치만은 않을 때도 많을 것입니다.

그렇지만 눈 딱 감고 일단 시도해보십시오.
혼자만의 호젓한 시간을 보내고 나면
몸과 마음의 피로감이 풀리고 여유가 생겨
스스로도 조금은 더 편안해질 것이며
내가 편안해지면 다른 사람들에게도 더욱 여유 있고
넉넉한 방식으로 대할 수 있게 될 것입니다.

그렇기에 일상에서 잠시 벗어나
혼자만의 시간을 갖는 것은
내가 행복해지는 길이기도 하지만
남을 행복하게 해줄 수 있는 길이기도 합니다.

홀로
머리를 비우는 시간
마음을 빗질하는 시간

마음을 털어놓는 솔직한 대화하기

우리 가족이요? 서로 얘기 안 하고 살아요...
얘기하려고 해도 말이 안 통해요. 싸움만 돼요...
오랫동안 이렇게 살다보니
같이 있어도 딱히 할 말도 없어요...
어떨 땐 저에게 관심이 있기나 한 건가 싶기도 해요...

친구들하고요? 얘기는 하는데...
진짜 하고 싶은 이야기는 못해요...
항상 겉도는 느낌이죠...
생각해보면 가족에게도 친구에게도
솔직하게 내 얘기를 한 적이 없었던 것 같아요...

문제는 *소통*이야

대학 3학년 미라 씨의 이야기입니다.

일상을 살아가면서 다른 사람들과 대화가 없다면...
대화를 하더라도 진심을 나누지 않는다면...
단절된 삶 속에서 마음속에 외로움과 슬픔
분노와 절망이 쌓여가게 되고
어두운 기운이 점점 더 커지게 됩니다.

누군가와 솔직하게 대화하는 것은
감정이 자연스럽게 흘러갈 수 있게 통로를 열어주는 것이고
그 통로를 통해 불안과 우울을 흘려보내고
스트레스를 내보내며
마음의 안정을 찾아갈 수 있는 좋은 방법입니다.

살면서 누구에게도 속 시원히 말하지 못한 채
혼자 끙끙거리고 고민하다가
누군가에게 그 마음을 털어놓았을 때
속이 다 후련해졌던 경험을 한 적이 있을 것입니다.
대화를 통해 고여 있던 감정이 흘러가버렸기 때문입니다.

이처럼 있는 그대로의 마음을 토로하는 솔직한 대화는
답답했던 마음을 후련하게 해줍니다.
무거웠던 마음을 가볍게 해주고
어두웠던 마음을 밝게 만들어줍니다.
이것이 대화의 힘이자, 자기 표현의 힘인 것입니다.

생활 속의 이야기와 그 속에서 느껴졌던 감정들을
주변 사람들과 나누십시오.
일상에서 느낀 스트레스, 서운함, 우울함, 불안함을
마음속에 품지만 말고 솔직하게 털어놓으십시오.

가슴에 묻는
한마디

아~ 홀가분하다

속 시원합니다

주변에 아무리 사람이 많고
그들과 아무리 많은 대화를 나눈다 하더라도
자신의 솔직한 마음, 진실한 모습을 드러내지 않는다면
그건 제대로 된 대화라고 말할 수 없습니다.
솔직하게 있는 그대로의 마음을 털어놓는 대화를 시도하십시오.

기가 막혀!

나 너무너무 속상해

싸가지 없는 놈

내 속 썩는 건 아무도 몰라

나 ··· 지쳤어

쓸쓸하다

단 솔직하게 마음을 털어놓고 나눌 수 있는 대상은
이런저런 판단을 하지 않고
그냥 무조건 내 편에서 내 얘기를 들어주고
공감해줄 수 있는 사람이어야 합니다.
아무한테나 무턱대고 얘기했다간
후련함보다는 당황스러움과 상처가
더 커질 수도 있기 때문입니다.

믿을 수 있는
사람

여성이든 남성이든, 나이가 많든 적든 상관없습니다.
속상한 마음, 허전한 마음을 마음껏 내보일 수 있고
감정을 잔뜩 실은 뒷담화를 하고도
말이 밖으로 샐까 걱정하지 않아도 되는
믿음이 가는 사람이면 됩니다.

사실 살아오면서 우리는 많은 사람들을 만났습니다.
가족, 친척, 선생님, 학교 친구, 선후배, 룸메이트
직장 동료, 직장 상사, 동아리 친구...
그들과 부대끼며 지금까지의 시간을 함께 해왔습니다.

남은 인생 동안에도
많은 사람들을 만나고 교류하게 되겠지만
내 있는 그대로의 모습을 받아주고
내 영혼 깊은 곳의 소리를 선입견 없이 들어주며
나를 진정으로 이해해줄 수 있는 사람을 만나는 것은
인생의 커다란 선물입니다.

같이 있을 때 누구보다도 편하고
살아가면서 느끼는 희로애락을 함께하며
서로의 부족한 모습, 약한 모습도
거리낌 없이 보일 수 있는 누군가가 가까이에 있습니까?
아직까지 그런 사람이 내 곁에 없다면,
지금부터라도 찾아보는 것이 어떨까요?

솔직하게 마음을 털어놓을 수 있는
누군가를 찾기 위해서는
먼저 나부터 마음을 열어야 합니다.
나의 있는 그대로의 모습을 보일 수 있는 사람이 없다는 것은
어쩌면 내가 마음의 문을 닫고 있다는 의미일 수도 있습니다.
내가 마음의 문을 닫고 있으면
다른 사람도 마음의 문을 닫게 됩니다.

먼저 모습을
보여!

그러므로 먼저 마음을 열고 다가가십시오.
내 이야기도 들려주고
내 부족한 모습, 약한 모습도 보이십시오.
내가 먼저 마음의 문을 열면
다른 사람도 마음의 문을 열기 시작할 것입니다.

있는 그대로의 나를 보여주는 것은
영혼의 대화를 할 수 있는 사람을 만나기 위한
출발입니다.

믿을 수 있는 친구에게
무슨 생각으로 사는지... 요즘 어떤 감정들을 느끼는지...
솔직하게 마음을 털어놓는 대화를 일상화시키십시오.

삶이 아무리 힘들더라도
솔직하고 진실한 대화를 나누다보면
스트레스와 고통은 줄어들고
삶은 가벼워집니다.

영혼은 진실한 대화를 원합니다.

소소한 것에도 감사하기

"지난주에는 잠깐이라도 감사하는 마음이 들 때도 있었나요?
다행스럽네... 라든지..."
이런 질문을 할 때면
'내 인생에서 감사할 일이 있다면 이 자리에 왜 있겠습니까?'
하는 표정으로 저를 째려봅니다.
모르는 바는 아니지만 감사하는 마음의 감각이
살아나고 있는지 확인하는 마음에서
개인적으로 마이스토리 작업을 진행하는 분들을 대상으로
질문을 던지고 반응을 살피곤합니다.

감사는 마음의 건강 상태를 가늠할 수 있는 척도입니다.
감사할 줄 안다는 것은
그 사람의 마음 상태가 건강하다는 것을 의미합니다.
도무지 감사할 줄을 모르고
자신이 누리는 모든 것을 당연하게 여기며
매사에 불평불만이 커져가고
사람에 대한 원망, 세상에 대한 원망이 늘어간다면
그 사람의 마음 상태가 건강하지 못하다는 것을 의미합니다.

감사합니다

그래도 다행이다

마음이 건강하지 못할 때에는
나를 둘러싼 환경, 지금의 내 상황 안에서
감사할 것이라고는 하나도 없는 것 같습니다.
'뭐 감사할 일이 있어야 감사를 하지' 이런 마음 뿐입니다.

그렇지만 감사하는 마음은 느낄 수 있는 마음의 감각입니다.
감사할 수 있는 상황이 되어서 하는 것이 아니라
그 상황에 감사하는 마음으로 반응하는 것입니다.
같은 상황 속에서도 어떤 시각으로 바라보고
어떻게 반응하느냐에 따라
'감사하다' 느끼는 사람이 있고
'불행하다' 느끼는 사람이 있는 것입니다.

이 세상 많고 많은 집 중 하필 이런 집에서,
이런 외모로 태어나,
뭐 하나 그리 잘하는 것도 없고,
자기 앞가림도 못하며 기죽은 채
하루하루 살아가는 내 모습을 보면
한심하기 짝이 없습니다.
그래도 힘을 내서 이런저런 시도를 해보지만
의욕을 상실케 하고, 발목잡는 일만 계속 터지고...
스스로에 대한 자책과 가족에 대한 원망,
세상에 대한 울분만 차곡차곡 쌓여 가는데...
무슨 그런 감사의 마음이 들겠습니까?...
이런 심정인 분들이 많을 것입니다.

감사는···
개별

저도 그랬습니다.
상황과 환경으로 봐선 감사의 마음을
도저히 가질 수 없었던 그런 때가 있었습니다.
자고 나면 새로운 일이 터지고,
일주일 지나면 낯선 상황에 놓여 있고,
정신을 차리고 마음을 챙기기가 너무나 버거운 때가 있었습니다.
그때 끝까지 붙들고 있었던 것이 감사의 마음이었습니다.
엄밀히 말해서 감사라고 할 순 없고
'그래도 다행이다...' 그런 마음으로 버틴 것이지요.

저는 하루하루 다행인 점들을 노트에 적기 시작했습니다.
처음에는 다행스럽게 여겨지는 일들이 별로 떠오르질 않았습니다.
그런데 일주일이 지나고 한 달, 두 달이 지나면서
지금 상황에서 그나마 다행스러운 점들이
한 가지, 두 가지 보이기 시작했고
마음으로 느껴지기 시작했습니다.
물론 다행스럽고 감사하는 마음이
전혀 들지 않은 날도 많았습니다.
어떤 날은 다행스럽기는커녕
욕 밖에 안 나오는 날도 있었습니다.
그런 날에는 험한 욕들을 노트에 휘갈겼던 기억이 납니다.

절망 끝에서 발견한
감사

노트에 하루하루 다행인 점을 적기 시작한 후
한 달이 지나고 두 달이 지나면서
차츰 진심으로 감사하는 마음을 느낄 수 있게 되었고
마음이 점점 더 밝아지고 가벼워지는
치유를 경험할 수 있었습니다.

지금 돌이켜 생각해보면
고통스럽고 힘든 상황 속에서
마음속의 독기가 그나마 더 커지지 않고
이 정도만이라도 마음을 지킬 수 있었던 힘은
억지스럽게라도 붙들고 있었던
감사의 마음이 아닌가 싶습니다.

지금도 하루를 시작하는 아침에
그날의 감사하는 일을 떠올리고 노트에 적으며
마음에 되새기는 시간을 반드시 갖고 있습니다.

지금 아무리 힘들고 절망스러운 상황에 처해 있다 하더라도
지금보다 더 힘든 상황이었을 수도 있고
지금보다도 더 많은 것을 잃었을 수도 있음을 기억하면서
억지로라도 '그래도 다행이다...
더 심각한 상황이 아닌 것에 감사하자...'라고
자기 자신에게 얘기해주며
감사하는 마음을 놓치지 않기 위해 애를 쓰십시오.
처음에는 억지로 시작했더라도
스스로에게 일깨우다보면
마음으로 그렇게 느껴지는 때가 올 것입니다.

억지로라도...

모든 일에는 눈에 보이지 않는 다른 면이 분명 있습니다.
힘든 상황에 처해 있을 때에는
고통만이 더 크고 선명하게 보이지만
시간이 지나면 알게 됩니다.
고통 속에 내 삶을 일깨우는 선물도 숨겨져 있었다는 것을요.

지금 상황이 어떠하든 감사하기를 연습하십시오.
지금까지 살아온 것에 감사하고,
지금의 내 환경에 감사하고,
이제까지 잘 버텨준 자기 자신에게 감사하십시오.

이렇게 감사하기를 연습하다 보면
진심으로 감사하는 마음을 갖게 되고
무엇 때문이 아닌 '상황 그 자체'에 감사하고   감사한 삶
'그럼에도 불구하고' 감사하게 됩니다.
그리고 오늘을 살 수 있는 것, 지금 숨 쉬고 있는 것,
화창한 날씨, 한 끼의 식사와 같은 아주 소소한 일상에도
진정으로 감사하는 마음을 갖게 됩니다.

감사는 용서, 기쁨 등의 긍정적인 감정을 끌어올려
원망, 분노와 같은 부정의 감정을 막아주는 방어벽이자
여유 있고 깊이 있는 삶으로 이끌어주는 원동력입니다.
감사의 마음을 갖고 사느냐 그렇지 않느냐에 따라
매일매일의 삶이 천국이 될 수도 있고
지옥이 될 수도 있습니다.
사소한 일에도 감사할 줄 알고
그 감사한 마음을 표현할 줄 알 때
그 순간부터 인생은 천국입니다.   지금 여기서부터
                                              천국

감사하는 마음을 연습하는 구체적인 방법은
일기를 쓰면서 빈 공간에 그날그날 감사하는 일을
다섯 가지씩 적어보는 것입니다.

나를 기분 좋게 해준 일, 든든하게 해준 일
나에게 따뜻한 마음을 선사한 일
나에게 안도감을 느끼게 한 일 등을 기록해보십시오.

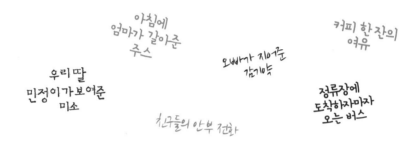

아무리 생각해도 감사하는 일들이 떠오르지 않으면
그나마 다행스러운 일과 지금 같은 상황이 아니라면
불편하고 힘들었을 것 같은 일들을 생각하여 적어보십시오.

감사하는 마음은 연습하면 연습할수록
자주 더 깊이 느낄 수 있습니다.

대가를 바라지 않는 선행 실천하기

'선행 실천하기'라고 표현을 했지만
선행이라고 하기에는 제 자신도 부족한 점이 많아
일상에서는 '배려 실천하기'라는 말로
마음속에 새기곤합니다.

하루하루 일상에서 감성치유를 체크하면서
오늘 하루도 누군가에게
알아주길 바란다든지... 돌려받길 기대한다든지...
그런 대가와 반응을 기대하지 말고
그 사람 존재 자체를 존중하는 마음으로
내가 할 수 있는 작은 배려를 실천하자고
일기장에 메모를 하고 하루 일과를 시작합니다.

작은 배려

비록 매일 실천하기는 어렵더라도
스스로에게 다른 사람에 대한 배려를 상기시키고
작은 것이라도 배려하려고 마음 쓰는 것만으로도
마음이 여유로워지고 삶이 밝아지기 때문입니다.

나만 생각하는 태도에서 벗어나 남을 돕는 것이야말로
감성을 치유할 수 있는 가장 확실한 방법입니다.
남을 도우면 관심의 방향이 '나'에서 '타인'으로 바뀌어
매여 있던 고민에서 벗어날 수도 있고
남을 돕는 데서 느끼는 행복감도 누릴 수 있기 때문입니다.

특히 남을 돕는 것은 내가 누군가를 돕고
그 사람이 내 도움을 받아 행복해하는 모습을 보았을 때
내가 다시 행복감을 누리게 되는 감정의 선순환을
내 안에서 불러일으키게 됩니다.

나눔의 즐거움

그렇기에 남을 돕는 것은 희생처럼 보이나
사실은 내가 행복을 누리는 길인 것입니다.
그래서 남을 돕는 것은
남을 살리는 길이기에 앞서 나를 살리는 길이기도 합니다.

그런데도 우리가 선뜻 남을 돕지 못하는 이유는 무엇일까요?
남을 돕는 것 자체에서 오는 행복감을 느끼기도 전에
희생해야 한다는 부담감을 갖고 있기 때문입니다.

희생이라는 생각을 잠시 내려놓고
그 어떤 대가도 기대하지 말고
하루에 한 번씩 다른 사람을 배려하거나 도우십시오.

하루하루 다른 사람에 대한 배려와 도움의 실천이
내 마음을 치유하고
삶을 행복하게 만들어줄 것입니다.

히히 기분 좋다

행복해집니다

날마다
해피 엔딩

상처받은 마음을 풀어주는 감성치유

초판 1쇄 인쇄 | 2015년 1월 10일
초판 1쇄 발행 | 2015년 1월 15일

지은이 | 강윤희
펴낸이 | 강효림

편 집 | 손인호
표지디자인 | 윤대한
내지디자인 | 채지연
일러스트 | 민경숙
마케팅 | 김용우

펴낸곳 | 도서출판 전나무숲 檜林
출판등록 | 1994년 7월 15일 · 제10-1008호
주 소 | 121-230 서울시 마포구 방울내로 75, 2층
전 화 | 02-322-7128
팩 스 | 02-325-0944
홈페이지 | www.firforest.co.kr
이메일 | forest@firforest.co.kr

종 이 | 화인페이퍼
인 쇄 | 한영문화사

ISBN | 978-89-97484-36-2 (03180)

▪ 값은 뒷표지에 있습니다.
▪ 이 책에 실린 글과 사진의 무단 전재와 무단 복제를 금합니다.
▪ 잘못된 책은 구입하신 서점에서 바꿔드립니다.

화내지 않고도 원하는 것을 얻어내는 내 감정 조절법

분노에 대한 다양한 상담 사례와 함께 저자가 개발한 'EEM 기법'을 통해서 어떻게 감정을 조절하고 분노를 근원적으로 치유하는지를 보여준다. 또한 이 책에서는 분노가 자신은 물론 자신 주변에 발생한 문제의 해결을 촉구하는 신호라며, 분노를 긍정적으로 다루는 방법을 제시한다.

송남용 지음 | 240쪽 | 12,000원

좌절하지 않고 쿨하게 일하는 감정케어

산업 전 분야에 서비스가 경쟁요소로 자리 잡으면서 많은 직장인들이 감정노동 스트레스를 느끼며 살고 있다. 이 책은 감정노동 스트레스에서 비롯된 좌절감을 극복하고, 그 어떤 컴플레인과 짜증에도 쿨하게 대처함으로써 행복하게 직장 생활을 유지할 수 있는 방법을 사례와 함께 아주 상세하게 제시하고 있다.

최환규 지음 | 344쪽 | 14,800원

세로토닌 100% 활성법

세로토닌 연구의 세계적 권위자 아리타 히데오 박사의 세로토닌 뇌 활성법. 세로토닌이 무엇이고 어떤 경로로 우리에게 영향을 미치는지, 세로토닌을 활성화하는 방법은 무엇인지를 구체적으로 다루어 신체활동이 부족한 직장인과 학생, 우울감을 겪는 주부, 밤에 활동하는 사람 등 자신의 라이프스타일에 맞게 활용할 수 있다.

아리타 히데오 지음 | 윤혜림 옮김 | 212쪽 | 값 12,000원

우울증인 사람이 더 강해질 수 있다

우울증 탈출 성공기. 나약한 사람들이 우울증에 걸리기 쉽다는 편견을 깬 책. 윈스턴 처칠과 에이브러햄 링컨 등 우리가 알고 있는 위대한 인물들도 우울증을 극복하고 위대한 업적을 이루었다며 우울증에 잘 걸릴 수 있는 성격인 강직한 성품의 소유자들이 우울증을 극복하면 더 성공할 수 있다는 것을 설득력 있게 풀어낸다.

노구치 다카시 지음 | 황소연 옮김 | 232쪽 | 값 13,000원

인간의 건강한 삶과 문화를 한 권의 책에 담는다

걸을수록 뇌가 젊어진다

걷기의 건강 효과와 걷기가 뇌에 좋은 이유를 과학적으로 밝혀 알기 쉽게 정리한 걷기 예찬론. 즐겁게 걷는 방법과 걸으면 왜 기분이 좋아지는지, 걷기가 어떻게 우울한 마음을 달래주는지 등 책장을 넘기다 보면 어느새 걷고 싶어진다.

오시마 기요시 지음 | 성기홍 · 황소연 옮김 | 216쪽 | 값 10,000원

마음을 즐겁게 하는 뇌

자기 스스로의 힘으로 행복과 평화를 불러올 수 있는 방법을 알려주는 심리치유서. '뇌과학'이라는 측면에서 접근하여, 어떻게 사람의 마음이 평화와 안정을 되찾고 맑고 고요한 상태에 다다를 수 있는지를 9가지 심리치유의 원리로 객관적이고 분석적으로 설명하고 있다.

다카다 아키카즈 지음 | 윤혜림 옮김 | 212쪽 | 값 13,000원

단 3분 만에 스트레스도 풀고 몸도 예뻐지는 생활요가 3분 요가

언제 어디서나 쉽게 할 수 있는 생활요가로 건강을 지키고 몸매도 예뻐질 수 있다. 신선한 하루를 여는 아침 요가, 일 모드로 바꿔주는 출근길 요가, 업무 스트레스를 날려주는 사무실 요가 등 쉽고 간편한 생활요가를 소개한다.

나이토 아키요 지음 | 박현미 옮김 | 216쪽 | 값 15,000원

하루 10분 일광욕 습관

현대인들의 햇볕 특히 자외선에 대한 잘못된 상식을 바로잡아주고, 자외선이 인간을 포함한 생물에게 얼마나 중요한 역할을 하는지를 알려주는 책. 자외선-비타민D-칼슘은 어떤 관계인지, 자외선이 정말 피부암을 일으키는지, 현대병과 햇볕은 어떤 연관성이 있는지, 효율적인 일광욕 방법은 무엇인지를 자세히 소개한다.

우쓰노미야 미쓰아키 지음 | 성백희 옮김 | 200쪽 | 값 12,000원

전나무숲 건강편지 를
매일 아침, e-mail로 만나세요!

전나무숲건강편지는 매일 아침 유익한 건강 정보를 담아 회원들의 이메일로
배달됩니다. 매일 아침 30초 투자로 하루의 건강 비타민을 톡톡히 챙기세요.
도서출판 전나무숲의 네이버 블로그에는 전나무숲 건강편지 전편이 차곡차곡
정리되어 있어 언제든 필요한 내용을 찾아볼 수 있습니다.

http://blog.naver.com/firforest

 '전나무숲 건강편지'를 메일로 받는 방법 forest@firforest.co.kr로 이름과 이메일 주소를
보내 주세요. 다음날부터 매일 아침 건강편지가 배달됩니다.

유익한 건강 정보,
이젠 쉽고 재미있게 읽으세요!

도서출판 전나무숲의 티스토리에서는 스토리텔링 방식으로 건강 정보를 제공합
니다. 누구나 쉽고 재미있게 읽을 수 있도록 구성해, 읽다 보면 자연스럽게 소중
한 건강 정보를 얻을 수 있습니다.

http://firforest.tistory.com

 스마트폰으로 전나무숲을 만나는 방법

네이버 블로그   다음 티스토리

전나무숲 ⛰

www.firforest.co.kr / e-mail_forest@firforest.co.kr